rowohlt
BERLIN

W0095397

Diane Arapovic

HONECKERS GUCKLOCH
UND DAS
VERSCHWUNDENE STÜCK
KUDAMM

Berlins letzte Geheimnisse

Rowohlt · Berlin

Für Sori und Cleo

1. Auflage Mai 2015
Copyright © 2015 by
Rowohlt · Berlin Verlag GmbH, Berlin
Satz aus der FF Franziska, InDesign,
bei Pinkuin Satz und Datentechnik, Berlin
Druck und Bindung
CPI books GmbH, Leck, Germany
ISBN 978 3 87134 795 5

Das für dieses Buch verwendete FSC®-zertifizierte Papier
Schleipen Werkdruck liefert Cordier, Deutschland.

Inhalt

Vorwort

Vermutlich ist der Schauspieler Otto Pritzkow es leid, auf Rollenangebote zu warten, die sowieso nicht kommen. Also nimmt er gegen Ende des 19. Jahrhunderts sein Schicksal selbst in die Hand und wird Gastronom. Gerade erst ist auf der Internationalen Gewerbeausstellung in Berlin das weltweit erste Automatenrestaurant präsentiert worden. Eine Selbstbedienungsgaststätte, in der sich der Gast Essen und Trinken aus verschiedenen Automatenfächern ziehen muss. Und mit genau so einer will auch Pritzkow einen Neustart wagen. Seine moderne Gaststätte in der Münzstraße am Alexanderplatz befindet sich in allerbester Lage.

Seit Jahren entwickelt sich die Gegend immer mehr zu einem berühmt-berüchtigten Vergnügungsviertel: Bierhallen, Zimmertheater und Kaffeehäuser reihen sich aneinander. Und Kundschaft ist auch zahlreich vorhanden, sie besteht vor allem aus Arbeitern und ihren Familien, die in den nahegelegenen Mietskasernen wohnen. Zu ihrer Unterhaltung stellt Pritzkow auch ein Kinetoskop auf. Ein gut ein Meter hoher Kasten, der einen dreißigsekündigen Stummfilm in Dauerschleife zeigt – damals der letzte Schrei der Unterhaltungsbranche.

Das alles muss ziemlich gut angekommen sein bei den Gästen. Denn schon bald geht Otto Pritzkow einen weiteren Schritt in Richtung Zukunft. Am 1. November 1899 eröffnet er in seinen Ladenräumen das «Abnormitäten- und Biograph-Theater». Im Dunkeln, auf harten Bänken sitzend, starren rund hundert Besucher auf die Leinwand, die von einer Art Urkinoprojektor bespielt wird. Es sind zwar nur ein paar unscharfe und flackernde Straßenszenen vom Alexanderplatz zu sehen, aber die Zuschauer sind begeistert. Es ist die erste Filmvorführung an einem festen Ort in Deutschland.

Pritzkows Ladenkino ist ein Erfolg und steht am Anfang eines regelrechten Kinobooms in der Hauptstadt. Acht Jahre später gibt es bereits 139 solcher Etablissements. Und bald schon folgen eigens dafür gebaute Lichtspieltheater mit Logen, Rängen und Orchestergraben. In den legendären UFA-Palast am Zoo passen sogar mehr als zweitausend Besucher. Jahrelang gilt er als das größte Kino Deutschlands. Bis heute ist Berlin ein Zentrum der Cineasten – mit bundesweit den meisten Kinos, Filmpremieren und einem Filmfestival der A-Klasse, der Berlinale.

Und Pritzkows Abnormitäten- und Biograph-Theater? Während immer neue Kinos wie Pilze aus dem Boden schießen und oft schon bald wieder schließen müssen, überlebt Pritzkows Lichtspielhaus in der Münzstraße bis in die DDR-Zeit hinein. Erst im Jahr 1959, nach fast sechzig

Jahren, schließt das Münz-Kino, wie es mittlerweile heißt, endgültig seine Pforten.

Glücksritter wie Otto Pritzkow begeistern mich immer wieder. Alles auf eine Karte setzen und hoffen, mit seiner Idee am großen Rad mitdrehen zu dürfen – das ist doch bewundernswert. Daraus entstehen Geschichten, die sich nur in Metropolen wie Berlin ereignen können.

Obwohl es hier lange Zeit überhaupt nicht nach vibrierender Millionenstadt ausgesehen haben dürfte. Ursprünglich eine Siedlung mitten im sumpfigen Nirgendwo, entwickelt Berlin sich zur glanzvollen Residenzstadt von Kurfürsten, Königen und Kaisern. Nur wenig andere Städte sind, was Wissenschaft, Wirtschaft und Stadtplanung betrifft, so fortschrittlich wie das Berlin der Gründerjahre, und das spürt man bis heute.

Im 20. Jahrhundert lassen zwei schwere Kriege, die Jahre der Teilung im Zentrum des Kalten Krieges und die Wiedervereinigung die Stadt nicht ruhen. Allein diese Geschichte macht Berlin einmalig. Die einzige Konstante ist der Wandel, der die deutsche Hauptstadt – nicht nur, aber insbesondere – in den letzten Jahren so faszinierend und anziehend für Menschen aus aller Welt gemacht hat.

Eigentlich könnte man meinen, über Berlin sei schon alles gesagt. Für unzählige Bücher, Filme und Dokumentationen wurde jeder Stein umgedreht, analysiert und archiviert. Was gibt es also noch zu erzählen? Eine ganze Menge. Denn produziert nicht gerade der stetige Wandel permanent neue Geschichten, Mythen und Legenden?

Diese These ist auch der Ausgangspunkt für meine Radiorubrik «Großstadtgeheimnisse und Landlegenden», die ich seit Herbst 2011 für den RBB-Sender radioeins produziere.

Schon bevor ich vor einigen Jahren nach Berlin zog, war ich fasziniert von der Berliner Geschichte, von den Orten, an denen sich Weltgeschichte abgespielt hat, aber auch von den unterschiedlichen Stadtvierteln und Kiezen, die die Hauptstadt so vielfältig machen. Es sind die Extreme, die Widersprüche, das ständige Auf und Ab, die Aufbruchsstimmung bei Alt- wie Neuberlinern, die für eine munter sprudelnde Quelle neuer spannender Berlingeschichten sorgen. Was konnte mir als Journalistin also Besseres passieren, als dieser Faszination in einer wöchentlichen Kolumne nachzugehen?

Viele Orte, Personen und Schauplätze, die Ihnen in diesem Buch begegnen, werden Sie vielleicht kennen, oder Sie haben zumindest von ihnen gehört. Trotzdem berichten meine Geschichten von den verborgenen und, wenn überhaupt, selten geteilten Geheimnissen der Stadt, sie bringen neue und überraschende Seiten von Berlin ans Tageslicht. Nach jeder Recherche sehe ich die eigentlich altbekannten Orte mit anderen Augen. Selbst hinter Wahrzeichen wie der Quadriga auf dem Brandenburger Tor oder der Goldenen Else mitten auf der Straße des 17. Juni stecken Rätsel und Legenden, die mich überraschten.

Wussten Sie etwa, dass die Spree im Sommer manchmal rückwärts fließt und dass die Berliner U-Bahn auch in Nordkorea fährt? Was verbindet die schweizerische Landesvertretung mit dem gallischen Dorf aus den Asterix-Comics? Und warum verzweifeln selbst Berliner Taxifahrer an den Hausnummern der Hauptstadt?

Und was war nun das Geheimnis hinter Pritzkows erfolgreichem Ladenkino in der Münzstraße? Waren die vielen Besucher wirklich nur von der Idee begeistert, eine schon mehrere Jahre alte Vorführtechnik in ein Haus zu stellen und dafür Eintritt zu verlangen? Nein, nicht ganz. Der ehemalige Schauspieler Pritzkow muss wohl geahnt haben, was ihm auf Dauer Kundschaft bescheren wird. Deshalb zeigt er vor allem eine ganze bestimmte Sorte von Filmen: erotische Striptease-Filme. Das «Pritzkow» in der Münzstraße war damit nicht nur das erste feste Lichtspielhaus im Land, sondern vermutlich auch das erste Sexkino der Welt. Immer für einen ehrenvollen Weltrekord gut, diese Stadt.

In diesem Sinne wünsche ich Ihnen mindestens genauso viel Spaß und Überraschung beim Lesen dieser Geschichten, wie ich während der Recherche erlebt habe.

Viktorias Drehwurm

Kein Bauwerk Berlins findet sich so häufig auf Urlaubsfotos wie das Brandenburger Tor. Das zweihundert Jahre alte preußische Stadttor am Pariser Platz in Mitte ist nicht nur das Wahrzeichen der Hauptstadt, sondern ein nationales Denkmal. Fast dreißig Jahre lang war das Brandenburger Tor geschlossen und für den Normalbürger unzugänglich. Zugemauert und rund um die Uhr bewacht von Soldaten, wurde es zum Symbol für die Trennung von Ost und West.

Kaum einer wusste das besser zu nutzen als US-Präsident Ronald Reagan. Im Jahr 1987 forderte er: «Mr. Gorbatschow, öffnen Sie dieses Tor!» Damals natürlich auf der Westseite des Tores. Ein Vierteljahrhundert später durfte auch Barack Obama am Brandenburger Tor seine Worte an das deutsche Volk richten. Diesmal stand das Rednerpult aber auf der Ostseite. Damals wie heute thronte oben auf dem Tor in stolzer Pose die Quadriga, die Siegesgöttin Viktoria mit ihrem Viergespann. Mit der linken Hand lenkt sie die Pferde, und mit der rechten reckt sie das Eiserne Kreuz und den Preußenadler in die Höhe. Den Blick nach Osten gerichtet, über den Pariser Platz in Richtung Unter den Linden.

Aber einigen Westberlinern scheint das nicht zu passen. Sie behaupten, dass die Siegesgöttin nicht nach Osten, sondern vielmehr nach Westen fahren müsse. Schuld daran seien die Sowjets. Während des Wiederaufbaus nach dem Krieg sollen sie die Viktoria absichtlich verkehrt herum aufgestellt haben. Den Westberlinern blieb damit für Jahrzehnte nur noch der Anblick ihres Hinterteils.

Nun kann das leicht als Verschwörungstheorie abgetan werden. Eine Anekdote, die Stadtführer gern erzählen. Doch kurz nach der Maueröffnung 1989 erschien ein Artikel in der «taz», der diese Behauptung bekräftigte. Darin war zu lesen: «Noch ist die Quadriga oben drauf. Und noch steht sie falsch herum. Nach der letzten Renovierung hatten die Sowjets die westlichen Alliierten ausgetrickst und sie mit Fahrtziel Osten obenauf gesetzt.»

Haben die Westberliner also doch recht? Steht Deutschlands Nationalsymbol Nummer eins tatsächlich falsch herum? Fakt ist, dass das Brandenburger Tor im Bombenhagel der letzten Tage des Zweiten Weltkriegs stark beschädigt wird. Von der Quadriga ist nur noch ein Pferdekopf übrig, sie muss komplett erneuert werden. Doch das ist nicht so einfach, denn die Grenze zwischen britischer und sowjetischer Besatzungszone verläuft nur wenige Meter hinter dem Tor. Also passiert für einige Jahre erst einmal gar nichts mit der Ruine am Pariser Platz. Die Ostberliner Regierenden sind sich uneins, ob die Quadriga überhaupt wieder aufgestellt werden soll.

Als man sich endlich dazu durchringt, dauert es noch weitere zehn Jahre, bis wieder eine Siegesgöttin samt Viergespann über Berlin thront. Der Grund: Die Gipsabdrücke, die noch während des Krieges von der Figurengruppe gemacht worden sind, werden in Westberlin gelagert. Also fol-

gen endlose Verhandlungen mit den Westberliner Regierenden darüber, wie das Denkmal restauriert werden soll und
wer die Kosten dafür übernimmt. Im Jahr 1958 schließlich
werden die Siegesgöttin und ihr Pferdewagen wieder auf
das Tor gesetzt. Allerdings ohne Eisernes Kreuz und Adler,
denn auf die Embleme des preußischen Militarismus will
die Ostberliner Stadtverordnetenversammlung entgegen
der Absprache mit Westberlin lieber verzichten. Dafür weht
nun die Fahne der Deutschen Demokratischen Republik
auf dem Brandenburger Tor. Und das sind die einzigen
entscheidenden Veränderungen, denn die Quadriga wird
genauso auf das Tor montiert wie vor dem Krieg. Davon
zeugen Fotos und Postkarten, die vor 1945 aufgenommen

Nach der Wiedervereinigung wird die Quadriga rundumerneuert –
ob sie danach auch wieder richtig herum aufgestellt wird?

wurden. Auf ihnen ist deutlich zu erkennen: Die Quadriga
hat schon damals in Richtung Osten geschaut. Demnach
haben die Sowjets, zumindest was Viktorias Blickrichtung
angeht, nichts falsch gemacht.

Also alles doch nur Legende, reine Westberliner Propa-
ganda? Aber wie konnte so ein Gerücht dann überhaupt
entstehen? Ein Hinweis findet sich in einem Zeitungsartikel
des damaligen DDR-Zentralorgans «Neues Deutschland»
aus dem Jahr 1956: «Nach dem siegreichen Abschluß der
Befreiungskriege bekam sie 1814 wieder ihren Platz auf dem
alten Wahrzeichen Berlins. Diesmal aber wurde sie mit dem
Gesicht zur Innenstadt aufgestellt, während sie bis dahin
aus der Stadt hinausgeblickt hatte.»

Vor gut zweihundert Jahren soll demnach der Siegesgöttin tatsächlich ein Drehwurm verpasst worden sein. Aber
was steckt wirklich hinter dieser Behauptung? Schauen wir
uns die Geschichte des bekanntesten deutschen Denkmals
genauer an. Dort, wo das heutige Brandenburger Tor steht,
gibt es bereits Mitte des 18. Jahrhunderts ein ganz gewöhn-
liches Stadttor. Es ist die Zeit, in der das Bürgertum immer
mehr an Einfluss und Mitspracherecht gewinnt, auch was
die Gestaltung des öffentlichen Raums betrifft: Es wünscht
sich prachtvolle Innenstädte.

In dieser Situation entsteht die Idee, der bereits angeleg-
ten Straße Unter den Linden einen würdevollen Ausklang zu
geben. Ein größeres, schöneres Tor muss also her. 1791 wird
das monumentale Bauwerk von Architekt Carl Gotthard
Langhans schließlich eingeweiht. Zunächst aber ohne Quadriga. Sie befindet sich zu dieser Zeit noch in der Planung.
Erst zwei Jahre später wird die Figurengruppe oben auf das
Tor gestellt, entworfen vom Berliner Bildhauer Johann Gott-
fried Schadow. Sein Vorbild: nicht die römische Siegesgöttin

Viktoria, sondern die griechische Friedensgöttin Eirene, der er zusätzlich eine Lorbeerkranztrophäe in die Hand gibt. Sie soll den Frieden in die Stadt bringen. Zu dieser Zeit endet Berlin nämlich bereits hinter dem Brandenburger Tor. Alles, was sich westlich davon befindet, gehört zu den Vororten. Damit ist klar, in welche Richtung die ursprüngliche Quadriga geschaut haben muss, nämlich nach Osten, Richtung Innenstadt.

Doch lange ist ihr dieser Blick nicht vergönnt. Napoleon und seine Armeen befinden sich um die Jahrhundertwende auf dem Marsch durch Europa. Im Herbst 1806 nehmen sie Berlin ein und gehen auf Beutezug durch die öffentlichen und königlichen Besitztümer. Auch die Quadriga muss dran glauben, trotz der Warnungen von Bildhauer Schadow, die Skulptur könnte beim Transport schwer beschädigt werden. Doch Napoleon persönlich besteht darauf, dass Eirene und ihr Pferdewagen nach Paris gebracht werden. Also wird sie abmontiert und, in Kisten verpackt, auf eine monatelange Reise über Hamburg und Rotterdam nach Paris geschickt. Acht Jahre dauert der Zwangsaufenthalt der preußischen Friedensgöttin in Frankreich, wo sie zeitweise mit anderen geraubten Kunstwerken aus ganz Europa ausgestellt wird. Eine Demütigung sondergleichen für die unterlegenen Preußen.

Erst im Jahr 1814, nach den erfolgreichen Befreiungskriegen gegen die französischen Truppen, wird Napoleon, der «Pferdedieb von Berlin», entmachtet. Und die Quadriga darf wieder in ihre Heimat zurückkehren. Die Überführung nach Berlin wird zu einem euphorischen Triumphzug. Mit Blumen und Banderolen geschmückt, von Musik und Ehrensalut begrüßt, erreicht sie die preußische Hauptstadt, wo der Sieg über die Franzosen bereits groß gefeiert wird.

Dem neuen Selbstbewusstsein der Preußen entsprechend soll die Wagenlenkerin nun aufpoliert und neu ausgestattet werden. Der preußische Haus- und Hofarchitekt Karl Friedrich Schinkel bekommt diesen wichtigen Auftrag. Er hat sich bereits einen Namen als Baumeister in Berlin und Umgebung gemacht und erst kurz zuvor nach einer Vorlage des Königs das Eiserne Kreuz entworfen: das preußische Symbol für das Ende der eisernen Zeit unter der Herrschaft der Franzosen und die erfolgreichen Befreiungskriege. Und genau dieses Kreuz gibt er der Friedensgöttin statt des Lorbeerkranzes in die Hand. Aus der griechischen Friedensbringerin Eirene wird damit die römische Siegesgöttin Viktoria. «Und aus dem Friedenstor, durch das der Frieden in die Stadt gebracht wird, wird das Triumphtor, durch das der Sieg hinaus in die Welt getragen werden soll», sagt der Historiker und Experte für preußische Geschichte Laurenz Demps.

Währenddessen hätte sich natürlich eine Gelegenheit geboten, der Quadriga einen Richtungswechsel zu verpassen. Doch auch die neue Version von Schinkel blickt nach ihrer Montage wieder nach Osten. Damit stellt sich die Behauptung aus dem «Neuen Deutschland» als doppelt falsch heraus: Weder war die Quadriga anfangs nach Westen ausgerichtet gewesen, noch wurde sie in irgendeine Richtung gedreht.

Für Historiker Demps liegt aber in dieser Zeit, als die neu gestaltete Quadriga auf das Tor montiert wird, der Ursprung der Legende. Nach und nach geriet die ursprüngliche Version der Wagenlenkerin in Vergessenheit. Je mehr die Erinnerung daran verblasste, desto schneller verbreitete sich die Behauptung, Viktoria müsse doch eigentlich den Sieg aus der Stadt in die Welt hinaustragen. Eine Fehlinterpretation, die nie wirklich aufgeklärt wurde. Bis heute macht das Gerücht vor allem unter Westberlinern die Runde, nachdem es durch die Teilung der Stadt zusätzlichen Schwung bekam. Ganz im Gegensatz zur Quadriga, die von Anfang an immer (ihre) Haltung bewahrt hat.

Die Killerkrabbe aus der Spree

So ähnlich lauten Mitte der neunziger Jahre die Schlagzeilen diverser Berliner Boulevardzeitungen. Damals erlebt die Hauptstadt eine Invasion unbekannter Riesenkrabben. Mit langen haarigen Scheren machen sie von der Spree aus die Berliner Ufer unsicher. Fischer verfluchen die Tiere, weil sie die Fangreusen und Netze zerschneiden und die darin gefangenen Aale wieder entkommen lassen. Massenhaft kriechen die Krabben an Land, belagern Straßen und Plätze: Es ist gruselig. Einige werden sogar im Regierungsviertel gesichtet. Kaum jemand kann sich erklären, woher die Krabben kommen.

«Eines Tages aber stand eine Delegation der chinesischen Botschaft vor der Tür eines Fischers», erzählt Roland Menzel von der Fischereischutzgenossenschaft. «Sie fragten ganz höflich, ob sie die Krabben hier kaufen könnten, über die sie in der Zeitung gelesen hatten.» Denn die Chinesen kannten die angeblichen Killerkrabben nur allzu gut – als Delikatesse aus der Heimat.

So groß wie ein Frühstücksteller können die Tiere werden, für europäische Augen sehen sie allerdings nicht annähernd so appetitlich aus wie die Scampi vom Italiener oder die Garnelen vom Buffet. Im Gegenteil: Hässlich und unappetitlich trifft es eher. Bei Fischereiexperten ist die Riesenkrabbe als Wollhandkrabbe bekannt, was sie den feinen schwarzen Haaren auf ihren Scheren zu verdanken hat.

Mit den einheimischen Flusskrebsarten der Berliner Gewässer hat sie nichts gemein. «Es handelt sich bei den Krabben um eine invasive Art, das heißt, die Tiere wurden eingeschleppt», erläutert Biologin Susanne Jürgensen, die das Fischereiamt in Berlin leitet. Die ursprüngliche Heimat der haarigen Krabben sind vor allem die Flüsse und Seen in der Region um Shanghai. Dort freuen sich die Menschen jedes Jahr im Herbst auf die sogenannte Krabbensaison, denn nach den warmen Sommermonaten sind die Tiere am

Ein Nachfahre der chinesischen Einwanderer auf
Erkundungstour durch die Hauptstadt.

besten zum Verzehr geeignet. Auch wenn ihr Geschmack die meisten Europäer nur an fades Rührei erinnert. Doch wie schafft es diese Krabbenart aus den Gewässern Chinas in die knapp 8400 Kilometer entfernte Spree?

«In Deutschland wurde die allererste Wollhandkrabbe in einem kleinen Flüsschen namens Aller in Niedersachsen entdeckt», erklärt Susanne Jürgensen. Aber das war nicht während der Krabbenplage in den neunziger Jahren, sondern bereits vor mehr als hundertzwanzig Jahren. Im 19. Jahrhundert muss diese Krabbenart also irgendwie den langen Weg aus dem chinesischen Inland nach Niedersachsen zurückgelegt haben. Dafür kommt in dieser Zeit nur der Seeweg in Frage. Die Aller ist ein Zufluss der Weser, die in Bremerhaven direkt am Hafen in die Nordsee mündet. Neben dem Hamburger Hafen zählt der in Bremerhaven schon damals zu den wichtigsten Frachthäfen in Europa.

In dieser Zeit beginnen intensive Handelsbeziehungen zwischen dem chinesischen Kaiserreich und den europäischen Mächten, unter anderem Preußen. China exportiert vor allem Porzellan, Tee und Seide – Güter, für die die Europäer mit Silber bezahlen. Erleichtert wird der asiatisch-europäische Handel durch die Fertigstellung des Suezkanals in Ägypten 1869. Fortan können sich die Kapitäne die mühselige und langwierige Umschiffung Afrikas sparen; die Überfahrt von Shanghai nach Bremerhaven oder Hamburg dauert nun nur noch knapp neun Wochen.

Auf einigen dieser Überfahrten befinden sich auch ungebetene Gäste an Bord. «Die Wollhandkrabbe ist als blinder Passagier nach Europa gekommen», erzählt der Biologe Dr. Ralf-Norbert Hülsmann von der Freien Universität in Berlin, «und zwar auf den großen Handelsschiffen in der zweiten Hälfte des 19. Jahrhunderts.» Es handelt sich um gigantische Frachtschiffe, die ersten, die aus Stahl gefertigt werden. Doch die neuen Schiffskonstruktionen drohen auf dem Wasser schnell das Gleichgewicht zu verlieren. Deshalb werden zwischen Schiffshaut und Laderaum der Frachter Tanks eingebaut. Sie können mit Wasser gefüllt werden, wenn das Schiff nur mit wenig oder gar keiner Ladung in See sticht, um so das fehlende Gewicht auszugleichen. Mit einem schiffseigenen Pumpsystem werde dabei Wasser von außen eingeleitet und bei Bedarf wieder abgelassen, erklärt Hülsmann.

Ebensolche Wassertanks werden damals auch in den Häfen von Shanghai aufgefüllt, wobei die Wollhandkrabbe mit an Bord gelangt. Und das, obwohl sie eigentlich im Süßwasser heimisch ist. Zumindest die meiste Zeit, denn ihr Lebenszyklus ist äußerst abwechslungsreich. Im Leben einer jeden Wollhandkrabbe kommt nämlich der Moment, in dem sie sich entschließt, flussabwärts zu wandern bis zur Mündung ins Meer. Dort laicht die Krabbe ab und stirbt.

Aus dem Laich entwickeln sich Larven, und sobald diese zu Krabben geworden sind, wandern sie Hunderte von Kilometer flussaufwärts. Jedes Jahr wiederholt sich das Phänomen tausendfach. Doch im 19. Jahrhundert geraten immer wieder Krabbenlarven in den riesigen stählernen Bauch eines Frachtschiffes mit dem Ziel Deutschland, wo sie dann mit dem abgelassenen Ballastwasser in den Hafen gespült werden.

«Die Überfahrt nach Europa haben die kleinen Larven wie in einem großen Aquarium erlebt», erklärt Ballastwasserexperte Hülsmann. Zudem seien die Futterorganismen ebenfalls mit aufgenommen worden, sodass die Larven, gut behütet und versorgt, die wochenlange Fahrt ohne Schäden überstanden hätten.

Dass die Tiere sich plötzlich Tausende Kilometer entfernt von ihrer Heimat in einem völlig fremden Gewässer wiederfinden, stört sie dabei nicht im Geringsten. Denn das Klima hier ist ähnlich gemäßigt wie vor der Küste Shanghais. Und das Wasser, in das die Larven gespült werden, bietet ideale Voraussetzungen für das Gedeihen der Wollhandkrabben. Es handelt sich nämlich um bestes Brackwasser, eine Mischung aus dem Salzwasser der Nordsee und dem Süßwasser, das der Fluss aus dem Landesinneren ins Meer spült. Nur in dieser speziellen Wassermischung können die Larven überleben und sich entwickeln. Erst wenn sie ausgewachsen sind und auf ihren Scheren krabbeln können, sind sie fähig, sich auch in reinem Süßwasser aufzuhalten.

Innerhalb von wenigen Generationen richtet sich die Wollhandkrabbe in den europäischen Gewässern häuslich ein. Und immer öfter wagt sie sich dabei auch weiter ins Landesinnere hinein, denn natürliche Feinde hat sie in den neuen Gefilden nicht zu fürchten. So gelangt sie schließlich auch über Elbe und Havel in die Berliner Spree. Mittlerweile ist die Wollhandkrabbe hier richtig heimisch geworden. Nicht nur im Gewässer, sondern auch auf den Speisekarten einiger Berliner Chinarestaurants und in den Tiefkühltheken asiatischer Supermärkte.

Einige Male wurde bereits versucht, die Krabbe wieder in die alte Heimat zurückzuschicken. Eingefroren und verpackt für den chinesischen Delikatessenmarkt. Doch weil der Bestand der Krabben in Spree und Havel stark schwankt – wie die plötzliche Krabbeninvasion in den neunziger Jahren gezeigt hat –, wurde der Exportversuch wieder aufgegeben. Sie hat eben ihren eigenen Kopf, die «Killerkrabbe aus der Spree» – so wie eine echte Berlinerin.

Aber bitte mit Sauce

Es ist das beliebteste Fastfood der Deutschen: der Döner Kebab. Rund vierhundert Tonnen Dönerfleisch werden täglich allein für die Imbisse und Restaurants in Deutschland produziert. Die Dönerindustrie macht hierzulande sogar mehr Umsatz als alle amerikanischen Burgerketten zusammen. Berlin ist anerkanntermaßen die Döner-Hauptstadt der Republik: Es gibt weit mehr als eintausend Imbissbuden und Restaurants, die zusammen 42 Tonnen Dönerfleisch am Tag verkaufen. Zum Vergleich, die Currywurst kommt in ganz Berlin nur auf hundertsiebzig Imbissstuben.

Als im Jahr 2007 mehrere tausend junge Berliner nach dem charakteristischsten Gericht ihrer Stadt gefragt werden, landet der Döner auf dem ersten Platz. Kulturwissenschaftler bezeichnen ihn deshalb längst als ein «esskulturelles Symbol» der Hauptstadt. Berlin und der Döner Kebab, das scheint eine innige Beziehung zu sein. Kein Wunder, soll er doch auch hier erfunden worden sein, wie es immer wieder heißt. Doch stimmt das wirklich? Und wieso musste ein eindeutig türkisches Gericht überhaupt in Berlin erfunden werden?

«Natürlich gab es Döner Kebab in der Türkei, lange bevor das Gericht nach Deutschland kam», sagt die Kulturwissenschaftlerin Maren Möhring. Die Professorin lehrt an der Universität Leipzig und hat ihre Habilitationsschrift ganz dem migrantischen Essen in Deutschland gewidmet. Die Geschichte des Döners gehört dabei, neben der von Pizza und Gyros, zu einem ihrer Hauptforschungsfelder. Unter Döner Kebab habe man in der Türkei noch etwas anderes verstanden als heute in den deutschen Dönerbuden, erklärt Möhring weiter. Döner Kebab heißt wörtlich übersetzt «gegrilltes drehendes Fleisch» und beschreibt damit auch gleich die Zubereitungsart des hierzulande meist aus Rind- und Lammfleisch bestehenden Fleischkegels.

Vor gut zweihundert Jahren sollen in Anatolien die ersten Köche darauf gekommen sein, in Joghurt und Kräutern marinierte Fleischstücke aufzuspießen und zu grillen. Der Ur-Döner bestand vor allem aus dem kräftig schmeckenden Hammelfleisch. Serviert wurden die abgesäbelten Fleischstücke damals aber auf einem Teller, mit Reis und gegrilltem Gemüse. Es war ein Gericht, für das man sich zum Essen an einen Tisch setzen musste, und eines, das sich nicht alle leisten konnten. Ganz anders als der Döner, den es heute in Berlin für ein paar Euro an fast jeder Ecke zu kaufen gibt.

«Der Döner, wie wir ihn heute kennen, ist ein deutsch-türkisches Erfolgsprodukt», sagt Kulturwissenschaftlerin Möhring. Erst sein «hybrider Charakter» habe ihm zu seinem jetzigen Erfolg verholfen. Demnach verbinden sich zwei Traditionen im modernen Döner, die türkische und die deutsche. Türkisch ist die Zubereitung des Fleisches, die Art, es zu würzen und zu grillen. Deutsch hingegen ist die Art des Essens. Wie das Würstchen im Brot oder die Currywurst im Pappteller wird der Döner heute meist «auf die Hand» serviert. Das perfekte Gericht, um es im Stehen, im Gehen und – oft zum Leidwesen der Mitfahrer – in der U-Bahn zu essen.

Doch nicht nur das sei typisch deutsch, ergänzt Möhring – was den Döner vor allem zu einem binationalen Gericht mache, seien die verschiedenen Saucen, die dazu angeboten werden. «Die Deutschen lieben einfach ihre Saucen.» Das erkenne man zum Beispiel auch daran, dass die aus Italien stammende Pasta hierzulande oft mit doppelt so viel Sauce gegessen werde wie in ihrer Heimat. Zum gegrillten Dönerfleisch habe es in der Türkei ursprünglich überhaupt keine Sauce gegeben. Die sei erst in Deutschland hinzugekommen. Egal ob Kräuter, Joghurt oder Knoblauch, «mit scharf» oder ohne, das deutsche Dönerfleisch schwimmt in der Regel in einer Sauce, die nur von Tomaten- und Gurkenscheiben sowie einer Krautsalatmischung – übrigens auch ein deutsches Update – davon abgehalten wird, aus dem Brot zu tropfen.

Aber genauso lieben die hiesigen Fastfood-Fans ihren Döner. Und weil er mittlerweile so oft verkauft wird und sich eine milliardenschwere Dönerindustrie um ihn herum entwickelt hat, gibt es seit 1989 sogar eine gesetzliche Verordnung, die genau festlegt, wie des Deutschen liebster Imbiss zubereitet sein muss: Die «Berliner Verkehrsauffassung für das Fleischerzeugnis Döner Kebab» schreibt unter anderem vor, dass nur Rind-, Lamm- oder Schafs- bzw. Hammelfleisch verwendet werden darf. Wer gegrilltes Hähnchenfleisch mit Salat und Sauce in ein Fladenbrot steckt, darf dieses Gericht streng genommen nicht als «Döner Kebab» verkaufen.

Mittlerweile gibt es viele solcher Abwandlungen, rein vegetarisch und sogar mit Fisch. Doch der Erfolg des klassi-

schen deutsch-türkischen Döners ist nahezu ungebrochen.
Wer nun hat das internationale Fastfood-Gericht erfunden?

Klar ist, dass der Döner mit den türkischen Einwanderern
ins Land gekommen ist. 1961 vereinbart die Bundesrepublik
mit der Türkei, Arbeiter für ihre Fabriken anwerben zu
dürfen. Den vom Wirtschaftsaufschwung mitgerissenen
deutschen Unternehmen fehlen die Arbeitskräfte. Die Lösung: Gastarbeiter aus Südeuropa, die für zwei Jahre hier
arbeiten und danach wieder nach Hause zu ihren Familien
zurückkehren sollen. Besonders die Westberliner Unternehmen profitieren von dem Zuzug aus der Türkei, denn durch
den plötzlichen Mauerbau fehlen ihnen auf einen Schlag
Tausende Arbeiter. Haben vor 1961 gerade mal 284 Türken
in Westberlin gewohnt, sind es zehn Jahre später mehrere
tausend.

Als der Aufschwung ins Stocken gerät und sich eine Wirtschaftskrise anbahnt, stoppt die Bundesrepublik im Jahr
1974 die Anwerbung neuer Arbeiter. Doch viele von denen,
die schon da sind, wollen nicht mehr zurück. Im Gegenteil,
sie holen ihre Familien nach und richten sich dauerhaft in
der neuen Heimat ein. Das Problem: Durch die Rezession
werden nun auch hier die Arbeitsplätze knapp. Die Ersten,
die eine Kündigung erhalten, sind die ausländischen Arbeiter aus dem Süden.

Und genau diese beiden Faktoren begünstigen die Erfindung des deutschen Döners. Zum einen vermissen die
nachgezogenen Familien die Nahrungsmittel, die sie aus
ihrer Heimat kennen – so sind damals etwa Auberginen,
Oliven oder Zucchini nahezu unbekannt in der breiten
deutschen Bevölkerung. Zum anderen müssen sich die
ehemaligen Gastarbeiter, die nun von einem Tag auf den
anderen auf der Straße stehen, ein neues Auskommen su-

chen. So beschließen nicht wenige Türken, sich in der Lebensmittelbranche selbständig zu machen. Dieser Schritt ist vergleichsweise leicht, denn im Gegensatz zum Handwerk erfordert der Betrieb einer Imbissbude oder eines Gemüseladens keinen Meisterbrief oder sonstige Befähigungsnachweise. Natürlich siedeln sich die ersten gastronomischen Betriebe dort an, wo die meisten Landsmänner und -frauen wohnen. So gibt es in Berlin schon bald eine große Zahl von türkischen Läden, besonders in Kreuzberg. In manchen gibt es auch Döner Kebab zu kaufen, serviert wie in der Türkei als Tellergericht.

Doch wer hat als Erster das Dönerfleisch in ein Stück Brot gesteckt? Kulturwissenschaftlerin Maren Möhring ist sich unsicher. Sie spricht von einem kollektiven Prozess, der schließlich dazu geführt habe, dass der Döner im Brot landete. Immerhin scheint ein Mann namens Mehmet Aygün dabei eine nicht unwesentliche Rolle gespielt zu haben. Denn er ist einer der erfolgreichsten türkischstämmigen Geschäftsmänner Deutschlands, Besitzer einer Restaurant und Hotelkette mit Umsätzen in Millionenhöhe, und taucht bei Möhrings Recherchen immer wieder auf.

Aygüns Geschichte, die in zahlreichen Artikeln erzählt wird, klingt nach einer klassischen Vom-Tellerwäscherzum-Millionär-Erfolgsstory. Mit siebzehn soll er nach Deutschland gekommen sein, wo er sich nach den ersten Jobs als Putzmann und Kellner schließlich bis zum Restaurantbesitzer hochgearbeitet hat. Und tatsächlich wird er immer wieder als Erfinder des Fastfood-Döners bezeichnet. Als er im Restaurant seines Onkels in Kreuzberg gearbeitet habe, soll er den modernen Döner kreiert haben. Wann das jedoch genau war, darin unterscheiden sich die Aussagen. Einmal soll der erste Döner 1971 verkauft worden sein, ein anderes Mal drei Jahre später, wieder ein anderes Mal sogar erst 1984. Leider kann Mehmet Aygün bei der Aufklärung dieser Geschichte nicht persönlich weiterhelfen. Auf Interviewfragen an die Familie Aygün folgen nur Absagen, niemand ist zu näherer Auskunft bereit.

Eine Nachfrage beim Verband der Dönerindustrie hingegen ist von mehr Erfolg gekrönt. Hier ist der erfolgreiche Landsmann Mehmet Aygün selbstverständlich auch bekannt, doch keineswegs als Erfinder des Döners. Für die Verbandsmitglieder gebührt diese Ehre einem ganz anderen Mann. «Der Döner im Brot, wie wir ihn heute kennen, ist dank Kadir Nurmann entstanden», ist sich der Berliner Dönerfleischproduzent und ehemalige Vorsitzende des Vereins türkischer Dönerhersteller in Europa Tarkan Tasyumruk sicher. 2011 wurde Nurmann sogar auf der Berliner Branchenmesse als «Vater des Döners» ausgezeichnet.

Laut Tasyumruk habe Nurmanns Imbissbude zu dieser Zeit in der Nähe vom Bahnhof Zoo gestanden, wo er Anfang der 1970er Jahre beobachtete, dass die Deutschen wegen ihrer kurzen Mittagspause nur schnell im Stehen essen wollten. Dabei sei der ehemalige Gastarbeiter dann auf die Idee gekommen, das Dönerfleisch wie ein Würstchen ins Brötchen zu stecken. Erst etwas später benutzt er dafür Fladenbrote und fügt noch Salat und Sauce hinzu.

Auch deutsche Kunden kommen immer öfter in seinen kleinen Laden. Wie jede gute Idee habe auch diese schnell Nachahmer gefunden, sodass sich das Gericht in Windeseile in der ganzen Stadt verbreitete, erzählt Tasyumruk. Mehmet Aygün wiederum sei nur einer von vielen Nutznießern dieser Innovation gewesen. Angeblich soll er sogar einmal eine Zeitlang in der Imbissbude am Zoo gearbeitet haben, wie Nurmann 2011 in einem Interview mit der «Berliner Zeitung» selbst erzählt. Leider sei Nurmann nicht so ein guter Geschäftsmann gewesen wie Aygün, sonst hätte er vielleicht damals ein Patent auf seine Erfindung angemeldet, sagt Tasyumruk heute. So stand er bis kurz vor seinem Tod im Jahre 2013 Tag für Tag in seiner kleinen Dönerbude in Westberlin.

Übrigens hat zwischenzeitlich auch ein türkischstämmiger Gastronom aus dem schwäbischen Reutlingen den Anspruch angemeldet, der Erfinder des Döners zu sein. 1969 will er mit seinem Vater erstmals auf einem Stadtfest Dönerfleisch im Brot verkauft haben, wie er mit einem alten Foto beweisen möchte. Doch für den Döner-Verband ist und bleibt der Döner eine Berliner Erfindung, denn von hier zog er aus, um die ganze Welt zu erobern. So soll es mittlerweile sogar ehemalige vietnamesische Vertragsarbeiter aus Berlin geben, die in der südkoreanischen Hauptstadt Seoul Döner Kebab mit Salat und natürlich ganz viel Sauce verkaufen.

Der Säulenheilige

Wenn es Berlin an einer Sache nicht mangelt, dann sind das Denkmäler. Wer es in Deutschland zur historischen Persönlichkeit gebracht hat, der findet sich mit hoher Wahrscheinlichkeit nach seinem Tod an prominenter Stelle als Statue wieder. Und die ganz Großen der Geschichte haben sogar zwei Denkmäler. Friedrich II. ist nicht nur als Reiterstandbild auf der Prachtstraße Unter den Linden zu bewundern, sondern auch als Bronzeskulptur in Friedrichshagen. Auch der erste deutsche Reichskanzler Otto von Bismarck wird an zwei Standorten geehrt. Am Großen Stern im Tiergarten und auf dem Bismarckplatz im Grunewald. Genauso Bundeskanzler Konrad Adenauer, den man in Charlottenburg und im Tiergarten betrachten kann, wobei er sich sein zweites Denkmal mit seinem französischen Kollegen Charles de Gaulle teilen muss.

Ein weiterer Name fällt aber aus der Reihe: Der Berliner Ernst Theodor Litfaß wird ebenfalls gleich zweimal geehrt. Auf der Münzstraße am Alexanderplatz steht eine gusseiserne Säule mit seinem Konterfei darauf. Und eine zweite, edle weiße Säule mit goldfarbener Krone und der Aufschrift

«Litfaßsäule» befindet sich am südlichen Ende des Hackeschen Markts. Aber anders als die Staatsmänner hat er sich
dafür nicht politisch verdient machen müssen. Ernst Theodor Litfaß gilt als der Erfinder jener riesigen Werbetonnen,
die noch heute fast überall zu sehen sind. Allein in Berlin
stehen rund viertausend Stück auf den Straßen, so viele wie
nirgendwo sonst in Deutschland. Doch ist das genug, um
gleich zwei Denkmäler zu rechtfertigen?

Will man diese Geschichte verstehen, muss man sich in
die Zeit vor der Erfindung der Werbetonne zurückverset-
zen. Wir befinden uns in der Mitte des 19. Jahrhunderts. In
Preußen ist die Industrialisierung in vollem Gange. Eisen-
gießereien, Maschinenbaufabriken, Porzellanmanufakturen
und viele andere Betriebe siedeln sich in und um Berlin an.
Der Wirtschaftsboom lockt immer mehr Menschen auf der
Suche nach Arbeit und Wohnraum in die Stadt. Von 1816 bis
1852 verdoppelt sich nicht nur die Einwohnerzahl auf vier-
hunderttausend, auch das Stadtgebiet vergrößert sich von
knapp vierzehn auf fünfunddreißig Quadratkilometer. Damit ist die preußische Hauptstadt nach London, Paris und
St. Petersburg die viertgrößte Metropole Europas.

Auch das Stadtbild verändert sich mit den Massen an
Neuankömmlingen. Denn die neuen Bürger von Berlin
müssen informiert werden – und das geschieht zu dieser
Zeit vor allem über Plakate und Flugblätter. Man kann sie
kostenlos aufhängen, schnell herstellen, und sie erreichen
viele Menschen. Kriegsdepeschen, Heiratsanzeigen, Thea-
ter- und Konzertplakate hängen an allen Hauswänden und
Mauern der Stadt, dazu kommen behördliche Anschläge
und natürlich Reklame aller Art. Doch bald werden die Plakate zum Problem: So schnell, wie neue Zettel aufgehängt
werden, können die alten gar nicht abgehängt werden.

Angesichts der täglich hereinströmenden Informationsflut sind die Behörden völlig überfordert. Die Folge: Auf den Straßen von Berlin bricht das Zettelchaos aus. «Man sprach damals vom Hautausschlag der Städte. Überall wurde Schicht auf Schicht plakatiert, wo immer es ging», erzählt Steffen Damm, Kultur- und Kommunikationswissenschaftler an der Freien Universität Berlin.

An dieser chaotischen Zettelwirtschaft ist auch die Druckerei der Familie von Ernst Theodor Litfaß nicht ganz unschuldig. Bereits seit Generationen existiert das erfolgreiche Berliner Unternehmen in der damaligen Adlerstraße 6 im Stadtteil Mitte, nicht weit entfernt vom heutigen Auswärtigen Amt. Litfaß' Mutter hat nach dem frühen Tod seines Vaters ein zweites Mal geheiratet – ebenfalls einen Druckerei- und Verlagshausbetreiber. Die beiden Betriebe fusionieren und produzieren neben Büchern und Zeitschriften auch fleißig Plakate und Flugblätter für ihre Kunden, die damit die Berliner Hauswände zukleben.

Im Jahr 1845 steigt Ernst Theodor Litfaß in das Familiengeschäft ein. Kurze Zeit später muss er im Alter von neunundzwanzig Jahren auch gleich die Geschäftsleitung übernehmen, denn sein Stiefvater verstirbt plötzlich und unerwartet. Doch früh stellt sich heraus, dass Litfaß das Zeug zum gewieften Geschäftsmann hat. Zum Beispiel ist es seine Druckerei, die als erste Plakate in Übergröße bedrucken kann. Sechs Meter lang und gut neun Meter breit sind die sogenannten Plakatgroßflächen, die er kurz nach der Geschäftsübernahme der Öffentlichkeit präsentiert. Sie eignen sich hervorragend für Reklame und werden zu einer kleinen Goldgrube für das Unternehmen.

Doch auf seine erfolgreichste Geschäftsidee kommt Litfaß an einem sehr alltäglichen Ort. Einige Jahre zuvor fasst

der junge Ernst Theodor nach seiner Buchhändlerlehre den
Entschluss, vor dem Eintritt in das Familienunternehmen
eine ausgedehnte Europatour zu unternehmen. Das schil-
lernde London und das verführerische Paris ziehen den
reichen Bürgersohn an. Eine Karriere als Druckereibesitzer
erscheint ihm zu dieser Zeit noch fern. Lieber will er sich
als Lyriker und Schauspieler versuchen, ja er gründet sogar
ein eigenes Theater. Angekommen in Paris, bemerkt er den
auch dort herrschenden Zettelwahnsinn. Aber anscheinend
wissen sich die Pariser zu helfen. Vor allem runde Holz-
säulen mit Zwiebelkuppel und Dachschindeln sind wild
mit Zetteln beklebt, dienen aber eigentlich einem anderen
Zweck. Neben der Zettelwirtschaft hat Paris nämlich noch
ein weiteres großes Problem: Wildpinkler. Um die Wände
und Vorgärten zu schonen, sollen sich die Männer lieber
sichtgeschützt und an vorgeschriebenen Orten entleeren.

Und genau diese zettelbespickten öffentlichen Toiletten
müssen Ernst Theodor Litfaß aufgefallen sein. Das französische Urinal habe den Druckerei-Sprössling mit großer Sicherheit zu seiner Revolution der Berliner Plakatlandschaft
inspiriert, meint Kommunikationsforscher Steffen Damm.
Eine geniale Idee, mit der Litfaß aber erst zwanzig Jahre
später in Serie geht.

1854 ist der Berliner Polizeidirektor Karl Ludwig von Hinckeldey der oberste Herr über Recht und Ordnung in der
Stadt. Das Zettelchaos ist ihm schon seit langem ein Dorn
im Auge. Da kommt ihm der engagierte Druckereibesitzer
gerade recht. Litfaß schwärmt ihm von einer drei Meter großen runden Holzsäule vor, die mitten auf dem Bürgersteig
stehen und rundherum viel Platz für Bekanntmachungen
aller Art bieten würde. «Annonciersäule» soll diese neue
Erfindung heißen.

Der eigentliche Clou jedoch ist, wie Litfaß damit Geld verdienen will: In Zukunft sollen diese Säulen die einzigen Flächen der Stadt sein, auf denen noch Aushänge angebracht
werden dürfen. Und genau das soll der Polizeidirektor
durchsetzen. Natürlich nicht ohne Gegenleistung. Litfaß
bietet der Stadt einen lukrativen Deal an. Seine Druckerei
wird jegliche Aushänge der Behörden kostenfrei drucken
und an den neuen Säulen aufhängen lassen. Der restliche
Platz soll an zahlende Kunden vermietet werden, aber nur
wenn diese ihre Plakate und Flugblätter ebenfalls in seiner
Druckerei herstellen lassen. Beide Seiten würden also von
diesem Geschäft profitieren.

Von Hinckeldey stimmt zu, zuversichtlich, endlich ein
wirksames Mittel gegen die Berliner Flugblattschwemme
gefunden zu haben. So heißt es am 1. Juli 1855 offiziell: «Dem
Buchdrucker Ernst Litfaß, allhier ansässig in der Adlerstraße 6, wird auf persönliches Ersuchen hin gestattet, auf
fiskalischem Straßenterrain Anschlagsäulen zwecks unent-
geltlicher Aufnahme der Plakate öffentlicher Behörden und
gewerbsmäßiger Veröffentlichungen von Privatanzeigen zu
errichten. Alles andere Plakatieren von Zetteln ist künftig
verboten.»

Ein geniales Geschäft, mit dem Ernst Litfaß den Grundstein für sein Werbemonopol in Berlin legt. Denn der Druckereibesitzer ist auch ein Vermarktungsgenie. Die Einweihung der ersten Säule wird von einem Werbefeuerwerk
vorbereitet. Anzeigen in Tageszeitungen, in den Theater-
pausen verlesene Verlautbarungen und eine eigens kom-
ponierte «Annoncierpolka» kündigen die neue Erfindung
an. Es gibt sogar Miniatursäulen zu kaufen, die wahlweise
als Feuerzeuge, Zigarrenreservoirs oder Spielzeug dienen.
Und am Tag der feierlichen Eröffnung sind wie durch ein

Diese Berliner Siegessäule revolutioniert die Werbung –
zuerst in der Hauptstadt, dann im ganzen Land.

Wunder alle herumflatternden Zettel an den Hauswänden
verschwunden. Strahlend saubere Säulen präsentieren ordentlich aufgehängte Bekanntmachungen.

Und das Marketing zeigt seine Wirkung, die «Annoncier-
säule» wird ein voller Erfolg. Nach zehn Jahren betreibt
Litfaß schon zweihundert Säulen in der Stadt. Nicht nur die
Berliner feiern den erfolgreichen Geschäftsmann, auch dem
König ist das Werk des Druckereibesitzers eine Auszeich-

nung wert. Litfaß bekommt den Kronenorden für Verdienste um das preußische Vaterland ans Revers geheftet, weil er fast zweihundert Kriegsdepeschen kostenlos hat aufhängen lassen.

Bald schon stehen «Litfaß' Kinder», wie die Säulen in der Bevölkerung besungen werden, auch in anderen großen deutschen Städten. Innerhalb weniger Jahre gehören sie zum Stadtbild wie Straßenlaternen oder Parkbänke. Ganz Europa zieht nach und stellt seine eigenen Versionen auf.

In Paris werden die Urinale nun auch durch kommerziell genutzte Reklamesäulen ersetzt, sogenannte «Colonne Morris», nach ihrem französischen Vater Gabriel Morris. Doch das geschieht erst dreizehn Jahre nach Litfaß' Säuleneinführung in Berlin. Ernst Theodor Litfaß wird da schon längst von den Berlinern ehrfurchtsvoll «Der Säulenheilige» genannt. Der Mann, der die Stadt vom «Hautausschlag» heilte. Und das ist ihnen locker zwei Denkmäler wert.

Die Geisterbahnhöfe von Siemensstadt

Diesen Bahnsteig hat schon lange kein Fahrgast mehr betreten. Verlassen und leer, als befände er sich in einem tiefen Dornröschenschlaf, liegt der Bahnhof mitten im Bezirk Spandau. Für Hobbyfotografen aus der ganzen Welt gehört er zu den Lieblingsmotiven der deutschen Hauptstadt: der Geisterbahnhof von Siemensstadt, wie er immer wieder in Blogs und Reiseführern genannt wird. Die Natur hat diesen Ort längst zurückerobert. Die Gleise sind von Büschen und Gras überwuchert, die Gebäude mit Graffiti bemalt, und die alten Schilder haben Souvenirjäger weggetragen.

Eigentlich ist das Betreten des Bahnhofs verboten und der Eingang zugemauert, aber Löcher im Zaun laden neugierige Besucher ein, die verwunschene Kulisse zu erkunden. Und wer sich Zeit nimmt und mutig genug ist, entlang der alten Bahnstrecke auf den Stahlkonstruktionen, den sogenannten Viadukten, oberhalb der Straße zu spazieren, kann eine Entdeckung machen. Denn es gibt noch zwei weitere Bahnhöfe entlang dieser Strecke. Die ebenfalls verlassenen Stationen Wernerwerk und Gartenfelde, vor und hinter der Haltestelle Siemensstadt, bieten ein ähnlich gespenstisches Bild.

*Auf dem Bahnhof Siemensstadt hat schon lange
kein Fahrgast mehr auf die nächste S-Bahn gewartet.*

Ganz im Gegensatz zum umliegenden Stadtteil Spandau,
denn dieser ist alles andere als ausgestorben. Hier ist noch
ordentlich was los auf den Einkaufsstraßen, in den Fabriken
und Wohnhäusern. Doch davon bekommen die Besucher
der Gespensterbahnhöfe nichts mit, ganz ruhig und einsam
ist es oben auf den stillgelegten Bahnschienen. Wie konnte es passieren, dass ein drei Stationen umfassender Stre-
ckenabschnitt der Berliner S-Bahn, der mitten durch einen
belebten Stadtteil führt, derart in Vergessenheit geraten ist?

«Angefangen hat die ganze Geschichte vor mehr als hundertfünfzig Jahren mit zwei Tüftlern aus Kreuzberg», erzählt die Historikerin und Buchautorin Dr. Dorothea Zöbl. Am 1. Oktober 1847 gründen Johann Georg Halske und Werner von Siemens in einer Hinterhofwerkstatt in Berlin-Kreuzberg die Telegraphen Bau-Anstalt Siemens & Halske. Damals beginnt eine der größten Erfolgsgeschichten des deutschen Unternehmertums, denn innerhalb der nächsten fünfzig Jahre entwickelt sich daraus der Großkonzern Siemens. Die beiden Kreuzberger Erfinder haben großen Anteil daran, dass sich Berlin um die Jahrhundertwende zum wichtigsten und fortschrittlichsten Industriezentrum im Deutschen Kaiserreich und darüber hinaus entwickelt. Zehntausende Menschen arbeiten hier in den Fabriken, die Telefonkabel, Elektroleitungen, modernste Haushaltsgeräte und vieles mehr für den Weltmarkt herstellen. Die meisten von ihnen sind bei der Firma Siemens angestellt. Doch je mehr das Unternehmen wächst, desto enger wird es in den Fabriken, die sich in den Anfangsjahren noch allesamt in Kreuzberg und Charlottenburg befinden.

Die Lösung liegt weit draußen vor den Toren Berlins. «Seine lukrativen Standorte in der Innenstadt konnte Siemens für viel Geld verkaufen», so Dorothea Zöbl. Die neuen, größeren Fabriken können auf billigem Ackerland zwischen Spandau und Charlottenburg errichtet werden. Hier gibt es noch genug Platz für die riesigen Werke und Lager, die benötigt werden. Siemens ist das erste und zunächst einzige Unternehmen, das in dieser Gegend ansässig wird – mit weitreichenden Folgen: Über die Jahre entsteht hier ein ganzer Stadtteil, die Siemensstadt. Zur Freude der Spandauer Stadtverwaltung verlegen die Arbeiter im Auftrag von Siemens Wasser-, Gas- und Elektrizitätsleitungen in dem noch nahezu unerschlossenen Gebiet, bauen Straßen, graben einen Spreekanal und errichten Brücken. Währenddessen entstehen weitere Werke.

Bald schon wird klar, dass in dieser Gegend auch Wohnraum für die vielen Arbeiter gebraucht wird. Also unterstützt Siemens den Bau von Mietshäusern in der Nähe der Werke. Denn die Belegschaft wächst und wächst. 1910 arbeiten bereits vierzehntausend Berliner und Brandenburger für Siemens in Spandau, 1927 sind es fast fünfzigtausend.

Aber nicht jeder Arbeiter kann sich die Wohnungen in den modernen Werksiedlungen leisten; die meisten von ihnen fahren mit der S-Bahn zur Arbeit. Doch der Weg von den Haltestellen der Berliner Ringbahn bis zu den Fertigungsstätten ist lang und beschwerlich. Jeden Morgen müssen Tausende Angestellte über unbefestigte Wege stapfen und auf Kähnen und Fähren die Spree überqueren, um an ihren Arbeitsplatz zu gelangen. Selbst eine neue Spreebrücke und der Ausbau der S-Bahnhöfe lösen das Problem nicht.

Also beschließt die Unternehmensleitung kurzerhand, sich eine eigene S-Bahn-Strecke einzurichten. Von der Ringbahnstation Jungfernheide soll sie einmal quer durch Siemensstadt führen, an allen wichtigen Produktionsstätten vorbei. Für den Siemenskonzern ein Klacks, denn immerhin hat das Unternehmen in den Jahren zuvor auch schon den Bau des Berliner S-Bahn-Netzes mitverantwortet. 1929 werden die drei Bahnhöfe der vier Kilometer langen Strecke feierlich eröffnet – es ist das Geburtsjahr der legendären Siemensbahn. Zusammen mit der regulären S-Bahn gilt sie zu ihrer Entstehungszeit als eines der fortschrittlichsten öffentlichen Verkehrsmittel der Welt – gerade erst war im Zuge der «Großen Elektrisierung» nahezu der gesamte Berliner Stadtbahnverkehr auf Stromantrieb umgestellt worden.

In den dreißiger Jahren steigt die Zahl der Arbeiter in Spandau auf achtzigtausend. Die Auftragslage ist ausgezeichnet, denn das Unternehmen profitiert vor allem vom Rüstungswahn der Nazis. In dieser Blütezeit wird laut Siemensexpertin Zöbl in dreizehn verschiedenen Schichten gearbeitet, im Minutentakt fahren die Züge durch die Bahnhöfe Siemensstadt, Wernerwerk und Gartenfeld. Zwar entstehen weitere Wohnungen für die Belegschaft – unter anderem die im Stil der Berliner Moderne gebaute «Großsiedlung Siemensstadt», die heute zum Weltkulturerbe zählt –, trotzdem bieten sie nur für fünf Prozent der Angestellten Platz. Der Großteil wird jeden Tag mit der Siemensbahn an die Fließbänder befördert.

Doch mit Ausbruch des Zweiten Weltkrieges kommt der Boom in Siemensstadt zum Erliegen. Immer mehr Arbeiter werden jetzt an der Front benötigt. «Das war der Anfang vom Ende», sagt Stadtplaner Udo Dittfurth. Seit seiner Jugend interessiert sich der Berliner leidenschaftlich für die Geschichte der S-Bahn. Dank ihm und seinen Mitstreitern gibt es mittlerweile an der Stadtgrenze zu Potsdam sogar ein eigenes S-Bahn-Museum.

«Vor allem die Teilung Berlins in Ost und West hatte damals extreme Auswirkungen auf den Schienenverkehr», so Dittfurth. Das Betriebsrecht für die Deutsche Reichsbahn fällt nämlich an die DDR. Der Westberliner Zugverkehr wird fortan von einem staatseigenen Unternehmen aus dem sozialistischen Osten betrieben. Alle westdeutschen Mitarbeiter der Berliner S-Bahn werden Angestellte der ostdeutschen Reichsbahn. Diese kuriose Konstellation bleibt natürlich nicht ohne Reibereien und handfeste Krisen. Die Berliner S-Bahn wird zum Zankapfel im Ost-West-Konflikt.

Einen ersten Höhepunkt erreicht die Auseinandersetzung

nach dem Mauerbau 1961, als die Westberliner beginnen, die S-Bahn zu boykottieren. Parolen wie «Der S-Bahn-Fahrer zahlt den Stacheldraht» oder «Keinen Pfennig für Ulbricht» machen die Runde, immer seltener nutzen die Westberliner die S-Bahn. Die Folge: Die Strecken werden weniger befahren, an vielen Bahnhöfen hält der Zug erst gar nicht, und notwendige Reparaturen sowie Wartungsarbeiten werden von der Reichsbahn nicht mehr durchgeführt. Westberlin reagiert auf diese Abhängigkeit und setzt immer stärker auf den Ausbau seines U-Bahn-Netzes. In Ostberlin konzentriert man sich hingegen auf die S-Bahn, neue Linien und längere Strecken entstehen.

Am deutlichsten bekommen die Westberliner Mitarbeiter der Deutschen Reichsbahn den Ost-West-Konflikt zu spüren – und zwar auf dem Gehaltszettel: Sie verdienen immer weniger, viele werden sogar entlassen. 1980 eskaliert die Situation. Nach einer erneuten Kündigungswelle treten die S-Bahner aus Westberlin in den Streik. Zehn Tage soll er dauern und die Reichsbahn vor allem dazu bewegen, die Kündigungen einzustellen. Doch der Arbeitskampf bleibt erfolglos. Die Unterstützung aus Gesellschaft und Politik habe den Angestellten der S-Bahn gefehlt, so Udo Dittfurth. Statt einzulenken, entlässt die Reichsbahn die meisten Mitarbeiter aus dem Westen.

Aber dabei bleibt es nicht, die Ostberliner Verwaltung nutzt die Situation, um nun fast alle Strecken im Westteil stillzulegen. Nur drei von ehemals zehn Linien werden noch befahren. Die Siemensbahn gehört nicht dazu. «Gegen Ende nutzten sowieso nur noch wenige die einstige Lebensader der Siemensstadt», erzählt Dittfurth. Viele fahren lieber mit dem Auto oder lassen sich von der modernen U-Bahn zur Arbeit bringen. Die verlängerte U-Bahn-Linie 7 wird passen-

derweise im Jahr des S-Bahn-Streiks eröffnet. So kann sie
den Ausfall der Siemensbahn kompensieren. Denn, als hätte
es die BVG geahnt, die neue U-Bahn-Strecke verläuft entlang der alten Siemensbahngleise.

Als es den Westberliner Regierenden wenige Jahre nach
dem Streik gelingt, das Betriebsrecht für die S-Bahn zu erhalten, und einige Strecken wieder in Betrieb genommen
werden, bleibt die Siemensbahn außen vor. Das turbulente
Auf und Ab der Berliner Geschichte hat sie am Ende doch
zur Strecke gebracht.

Berliner Zahlensalat

Die Berliner Hausnummern treiben Besucher und Bewohner gleichermaßen zur Verzweiflung. Auf der Suche nach einer bestimmten Adresse beschleicht einen nicht selten das Gefühl, die Zahlen an den Häusern seien nach dem Lotterieprinzip verteilt worden. Empört hat das einst auch den weltbekannten amerikanischen Schriftsteller Mark Twain. Nach einem Berlinbesuch schreibt er 1892 in einem Artikel für die «Chicago Daily Tribune»: «Bei den Hausnummern herrscht ein Chaos wie vor Erschaffung der Welt. Unmöglich kann die weise Berliner Stadtregierung Derartiges geschaffen haben. Zuerst denkt man, dies sei die Tat eines Blödsinnigen; allein so mannigfaltige Arten, Verwirrung und Unheil anzurichten, wäre ein Blödsinniger nicht imstande sich auszudenken.»

Wie verrückt das Berliner Hausnummernsystem sein kann, lässt sich gut am Beispiel des Kurfürstendamms demonstrieren. Dort befindet sich gegenüber der Nummer elf nicht etwa die Nummer zwölf, nein, die Nummer 237! Noch schlimmer, wenn das System sich unvermittelt ändert. So zum Beispiel in Berlin-Mitte. Auf der Prachtstraße Unter den Linden scheint noch alles ganz vertraut, denn die geraden

Hausnummern befinden sich auf der einen, die ungeraden auf der anderen Seite. Doch biegt man in die Friedrichstraße ein, ist plötzlich alles anders, hier hängen gerade und ungerade Zahlen nebeneinander. Noch dazu sind es auf der einen Seite niedrige Zahlen, auf der anderen hingegen hohe.

Selbst für erfahrene Hauptstadtchauffeure kann die Suche nach der richtigen Hausnummer zu einer Herausforderung werden. «Ich weiß nie, was mich in einer Straße erwartet», bestätigt der langjährige Taxifahrer Dieter Zobel. Für ihn stecke keinerlei Logik im Berliner Hausnummernchaos. Doch immerhin sei eine Sache sicher, fügt er hinzu, man habe es immer mit einem von zwei verschiedenen Hausnummernsystemen zu tun.

Das eine ist das Zickzacksystem, das auch im Rest von Deutschland verbreitet ist. Dabei steigen die Nummern rechts und links wechselseitig an, sodass sich die geraden und die ungeraden Zahlen gegenüberliegen. Zum anderen gibt es das fortlaufende Nummernsystem, das beispielsweise auf der Friedrichstraße angewendet wird. Dabei werden, vom Stadtkern ausgehend, auf der einen Seite die Nummern hochgezählt, bis man am Ende der Straße angelangt ist. Von dort wird auf der anderen Seite, wieder stadteinwärts, bis zum Anfang der Straße weitergezählt. So steigen die Nummern auf der einen Seite an und auf der anderen ab: Am Anfang der Straße liegen sich die kleinste und die höchste Zahl gegenüber. Das Problem in Berlin ist nun jedoch, dass beide Systeme kreuz und quer über die ganze Stadt verteilt sind. Das sorgt immer wieder für jede Menge Verwirrung – sowohl bei Neulingen als auch bei Alteingesessenen, die außerhalb ihres Kiezes unterwegs sind.

Ein solches Hausnummernchaos gibt es hierzulande nur in Berlin. Vor allem auf ausländische Besucher wirkt es befremdlich, verbinden sie Deutschland doch zumeist mit einem gewissen Hang zur Ordnungs- und Regulierungswut. Stellt sich also die Frage: Wie konnte die größte und bedeutendste deutsche Stadt in solch ein Zahlenchaos stürzen?

Hausnummern wurden nicht in Deutschland erfunden, sie sind ein Vermächtnis der Französischen Revolution. Nach einer Verwaltungsreform in der jungen Republik wird die Hauptstadt Paris in Sektionen aufgeteilt, sogenannte Arrondissements. Alle Häuser einer Sektion erhalten Nummern, die den Finanzbeamten das Eintreiben der Grundsteuer erleichtern sollen. Zur selben Zeit hängen an den meisten Berliner Häusern noch Namen, Familienwappen oder Handwerksschilder. Dieses Orientierungssystem hat allerdings einige Nachteile: Gleich mehrere Gaststätten nennen sich «Zum goldenen Reiter» oder «An der Eiche», Familiennamen doppeln sich, und in manchen Straßen haben sich mehrere Vertreter eines Handwerks angesiedelt. Postsendungen gehen verloren, weil die Boten sich lange durchfragen müssten, um den richtigen Empfänger zu finden. Und auch die Behörden kriegen nicht immer den richtigen Ansprechpartner zu fassen.

Eine Situation, die den Polizeidirektor und Stadtpräsidenten von Berlin, Johann Philipp Eisenberg, ganz schön wurmt. Und da alles, was aus Paris stammt, einem der wichtigsten Kunst- und Bildungszentren der damaligen Zeit, als schick und modern gilt, weckt das französische Hausnummernmodell schnell sein Interesse. Also schreibt er am 6. Januar 1798 dem preußischen König Friedrich Wilhelm III. einen Brief, in dem er darum bittet, in Berlin Hausnummern einführen zu dürfen. In dem «heillosen Durcheinander» könne sich doch kein Mensch zurechtfinden. Er schlage deshalb vor, alle Häuser der Residenzstadt durchzunummerieren, wobei das Schloss selbstverständlich die Hausnummer eins tragen sollte. Dank seiner hervorragenden Kontakte zum Preußenkönig bekommt Polizeidirektor Eisenberg die gewünschte Genehmigung. Nicht zuletzt, weil er vorschlägt, die Hauseigentümer die Nummerierung selbst bezahlen zu lassen und damit den königlichen Etat zu schonen.

Anders als bei den Franzosen werden in Berlin nicht einzelne Sektionen durchgezählt, sondern jeweils immer nur eine Straße. Ein Pfeil auf den Hausummernschildern soll die Richtung anzeigen, in die gezählt wird. 1799 wird in Berlin das sogenannte Hufeisensystem, die fortlaufende Nummerierung, offiziell eingeführt. Doch diese preußische Variante hat leider einen Haken. Denn was Eisenberg und der König nicht bedacht haben, ist, dass sich die Residenzstadt in den nächsten Jahrzehnten radikal wandeln wird. Die Industrialisierung im 19. Jahrhundert lässt die Einwohnerzahl Berlins explodieren. In kürzester Zeit muss neuer Wohnraum geschaffen werden, um den riesigen Zustrom neuer Bürger aufzufangen.

«Und damit wurde das System der fortlaufenden Nummerierung total unübersichtlich», sagt Bernhard Wittstock vom Vermessungsamt in Berlin-Mitte. Der promovierte Ingenieur ist der Herr der Zahlen in der Hauptstadt und einer von wenigen europäischen Experten auf dem Gebiet der Hausnummern. Ein fünfbändiges Werk über die Geschichte der europäischen Hausnummern mit dem Schwerpunkt Berlin nennt er sein «Lebenswerk». Am Beispiel der Acker- und Brunnenstraße in Berlin-Mitte erläutert Wittstock das Problem. Im 19. Jahrhundert werden die Straßen so oft verlängert, dass sie ständig umnummeriert werden müssen. Eine aufwendige und vor allem teure Angelegenheit. «Den-

noch hielt Berlin an seinem ursprünglichen System fest»,
sagt der Hausnummernexperte. Zur gleichen Zeit ist die
Pariser Stadtverwaltung schon wieder weiter. 1805, da ist
Berlin gerade komplett nach der Eisenberg-Methode durch-
nummeriert worden, stellen die Pariser ihre Hausnummern
komplett auf das moderne Zickzacksystem um. Der Vorteil:
Durch die wechselseitige Nummerierung kann eine Straße
ohne Probleme verlängert werden, so oft und so lang wie
gewünscht. Leider verschlafen die Berliner Behörden diesen
zukunftsweisenden Trend.

Ganz im Gegensatz zu den Städten und Gemeinden außerhalb von Berlin wie Zehlendorf, Schöneberg, Teltow oder
Spandau. Sie alle setzen auf das neue französische Hausnummernsystem. Und weil die Berliner Peripherie rasant
wächst, steigt auch die Zahl der Straßen, die auf diese Art
nummeriert werden.

Im Jahr 1920 werden die umliegenden Gemeinden mit
der Stadt zum heutigen Berlin zusammengelegt. Die Einwohnerzahl der neuen Großstadt verdoppelt sich von
1,9 Millionen auf fast vier Millionen. Nun existieren plötzlich aber auch zwei Hausnummernsysteme gleichzeitig in
einem Verwaltungsgebiet. Zwar wird 1927 das Zickzacksystem zum offiziellen Standard in der ganzen Stadt, doch
alle bereits nach dem Hufeisenprinzip nummerierten Häuser bleiben unangetastet. Allein schon der Vorschlag, die
Nummern neu zu vergeben, führt zu Protesten unter den
Bewohnern. Den Berliner Regierenden kann das nur recht
sein, sie scheuen sich, eine grundlegende Straßenreform
anzugehen: Zu teuer und zu aufwendig, lauten ihre Argu-
mente. Mit zwei Nummernsystemen könne man doch auch
leben, solange es innerhalb der Bezirke einheitlich sei. Doch
dabei bleibt es nicht.

Denn 1936 wird plötzlich doch mitten im historischen Stadtkern umnummeriert, und zwar auf einer der wichtigsten Straßen. Unter den Linden bekommt eine Generalüberholung. «Ein Prestigeprojekt der Nazis», erklärt Nummernexperte Wittstock, «das Berlin nach außen als fortschrittlich präsentieren sollte.» Die Friedrichstraße direkt nebenan bleibt damals jedoch unberührt.

Doch auch nach dem Krieg wird weiter Flickwerk betrieben. Für noch mehr Verwirrung an den Hauswänden sorgen nämlich die Machthaber der sowjetischen Besatzungszone und später die der DDR. Straßen mit monarchistischen oder militaristischen Namen haben im sozialistischen Hoheitsgebiet nichts mehr verloren. Also werden sie umbenannt – und im gleichen Zuge umnummeriert. In Berlin-Mitte heißt deswegen die ehemalige Prinz-Friedrich-Karl-Straße seit 1949 Geschwister-Scholl-Straße, und die Hausnummern folgen dem modernen Zickzackprinzip. 51 Straßen im Stadtkern ereilt dieses Schicksal in den ersten zehn Jahren nach Kriegsende, wie Bernhard Wittstock herausgefunden hat. Auch ein Vierteljahrhundert nach der Wiedervereinigung bleibt Berlin also – zumindest was die Hausnummern angeht – auf ewig eine Stadt der zwei Systeme.

Der König von Albanien

Der Berliner Bezirk Pankow hatte schon immer eine besondere Beziehung zu Adel, Glanz und Gloria. Im Jahr 1700 wird hier im prächtigen Schloss Schönhausen über die Erhebung von Kurfürst Friedrich III. zum preußischen König Friedrich I. verhandelt. Später dient das Schloss als Sommerresidenz für die preußische Königin Elisabeth Christine, die Gattin von Friedrich dem Großen. 37 Jahre lang, bis zu ihrem Tod 1797, ist das Schloss in den Sommermonaten ihr Rückzugsort. Der König lässt sich dort allerdings nie blicken, denn das Ehepaar lebt seit seiner Thronbesteigung im Jahr 1740 getrennt. Dafür lässt Elisabeth Christine das Schloss und den Garten ganz zeitgemäß im Rokokostil umbauen, wie es heute noch in Teilen zu bewundern ist. Nach dem Ersten Weltkrieg verschwindet der preußische Adel zwar aus Pankow, doch der Bezirk scheint die Mächtigen auch weiterhin anzuziehen.

Zu DDR-Zeiten dient das Schloss dem ersten und einzigen Präsidenten der DDR, Wilhelm Pieck, als Regierungssitz, später der Staatsführung als Gästehaus. Und nicht weit davon, im Pankower Majakowskiring, residiert in den ersten Jahren nach der Staatsgründung nahezu die gesamte

SED-Politprominenz, bevor sie in die abgeschottete Wald-siedlung Wandlitz umzieht. Das alles lässt Pankow oft in den Geschichtsbüchern auftauchen.

Doch unerwähnt bleibt dabei, dass auch ein König von Albanien lange Zeit in Pankow gelebt haben soll, allerdings ein Stück entfernt vom schönen Schloss Schönhausen. Und zwar in der Wollankstraße 43. Von den 1920er Jahren bis zu seinem Umzug nach Hamburg kurz vor seinem Tod im Jahr 1958 habe der König von Albanien in Pankow residiert, heißt es. Sein Name klingt allerdings wenig albanisch: Otto Witte.

Zeit seines Lebens unterschreibt der Pankower seine Briefe mit dem Zusatz «König von Albanien», lässt den Titel sogar hochoffiziell von der Berliner Polizei in seinen Aus-weis eintragen. Auf zahlreichen alten Fotos und sogar Post-karten ist er in herrschaftlicher Montur zu sehen. Selbstver-ständlich ist der Königstitel auch in seinen Grabstein auf dem Friedhof Hamburg-Ohlsdorf eingemeißelt.

«Wir prüfen natürlich, ob die Titel rechtmäßig sind, die auf den Grabmalen stehen», sagt Lutz Rehkopf, der Presse-sprecher des Ohlsdorfer Friedhofs. Leider gebe es aber keine schriftlichen Aufzeichnungen mehr über Otto Wittes Grab, muss Rehkopf nachschieben. Doch sogar er vermutet: «So ganz grundlos wird der Titel wohl nicht auf dem Grabstein gelandet sein.» Was steckt also wirklich hinter der Ge-schichte von Otto Witte, dem angeblichen einstigen König von Albanien?

Ausführliche Antworten liefert Otto Witte selbst in sei-nen Memoiren aus den dreißiger Jahren. Zwei Bücher ver-öffentlicht er über sein Leben, beide tragen denselben Titel: «König von Albanien». Das zweite Buch dazu den Untertitel «Erlebnisse eines Abenteurers im Okzident und Orient». Witte ist Mitte fünfzig, als er die Abenteuer seines Lebens in

Berlin-Pankow niederschreibt und veröffentlicht. Und seine Geschichten haben es in sich. Schon im Alter von acht Jahren reist Otto Witte mit einem Zirkus durch Europa. Später schlägt er sich mit Jahrmarktauftritten als Artist, Zauberer und Wahrsager durch.

1912 landet er auf diesem Weg in Konstantinopel, dem heutigen Istanbul. Dort entscheidet sich Otto Witte für einen neuen Karriereweg. Er tritt in die osmanische Armee ein, was einfach ist, da Deutsche damals gerngesehene Kameraden im türkischen Militär sind. Witte verfügt zudem über ein ausgesprochenes Sprachtalent, sodass es ihm schnell gelingt, sich auf Türkisch zu verständigen, wie er in seinen Memoiren schreibt. Ein ungemeiner Vorteil, der ihn auf der militärischen Karriereleiter weit nach oben bringt. Schon nach kurzer Dienstzeit wird er zum Offizier ernannt. Und von dort führt ihn sein Weg geradewegs in den Geheimdienst des Sultans.

Bald darauf bekommt Witte den Befehl, nach Albanien zu reisen. Das kleine Land hat sich gerade erst in den Wirren der Balkankriege für unabhängig erklärt. Zuvor gehörte es jahrhundertelang zum Osmanischen Reich. Doch im Land herrscht Chaos; Serben und Türken streiten um die Vorherrschaft in der jüngsten Balkannation. Als Witte in Albanien ankommt, fällt dem Kommandeur seiner Truppe die frappierende Ähnlichkeit des Deutschen mit dem türkischen Prinzen Halim Ed-din auf. Und das bringt Witte auf eine spektakuläre Idee. Denn das Chaos in Albanien geht ihm gehörig auf die Nerven. Als Mann der Tat will er sich für ebenjenen Prinzen ausgeben und sich zum Oberbefehlshaber ausrufen lassen.

So, hofft Witte, kann er die im Westen stationierten türkischen Truppen zu einem Entscheidungsschlag gegen die serbischen Besatzer führen. Er lässt Telegramme an die Front schicken, in denen er seine Ankunft in Gestalt des türkischen Prinzen ankündigt. Mit Kostümen kennt sich der ehemalige Zirkuskünstler ja bestens aus. Doch will er diese Reise nicht alleine machen, deswegen überredet er seinen Freund Max Schlepsig, mit ihm zu kommen. Die beiden kennen sich aus Barcelona, wo sie einst gemeinsam eine Gefängnisstrafe wegen Betrügereien absitzen mussten. Witte braucht nicht viel Überzeugungsarbeit zu leisten, der ehemalige Schwertschlucker Schlepsig stimmt seinem Plan schnell zu. So besorgen sie sich kurzerhand die passende Ausstattung in einem Wiener Kostümverleih, und schon geht es los zu den türkischen Truppen. Dort angekommen, bemerkt niemand den Schwindel. Otto Wittes Plan geht auf, die Kommandeure der türkischen Truppen empfangen ihn mit allen Ehren und ernennen ihn sogleich zum Oberbefehlshaber.

Folgt man Wittes Erinnerung, geht von da an alles ganz schnell. Das unabhängige Albanien ist noch führungslos, und den Türken im Land kommt ein Prinz aus ihren Reihen als Thronanwärter gerade recht. Mit ihm, so die Hoffnung, könne man sich die Loyalität der Muslime im Land sichern und die verfeindeten Serben schneller aus dem Land vertreiben. Also wird Otto Witte im Eilverfahren zum König von Albanien ausgerufen – und das alles im Kostüm eines türkischen Prinzen. Die ersten Regierungsgeschäfte lassen nicht lange auf sich warten. Der neue König ernennt eine provisorische Regierung und macht sich mit seinen Truppen auf den Weg in die albanische Hauptstadt Tirana. Dort besetzen sie erfolgreich den Justizpalast, und zur Belohnung gönnt sich Witte zwischendurch sogar einen Besuch im Harem.

Doch bereits an Tag vier erreicht den König und seine Gefolgschaft die Nachricht, dass sich der echte Prinz Halim Ed-din in Konstantinopel aufhalten soll. Die ganze Sache wird Witte nun doch zu heiß. In einer Nacht-und-Nebel-Aktion gelingt ihm und seinem Komplizen Max Schlepsig die Flucht aus Albanien. So weit Wittes eigene Version des Geschehens.

Eine spektakuläre Geschichte aus einer turbulenten Zeit. «Tatsächlich hat es damals ein Deutscher auf den albanischen Königsthron geschafft», bestätigt der Historiker und Albanienexperte Michael Schmidt-Neke. Prinz Wilhelm zu Wied heißt der deutsche König aber – und nicht Witte. Er ist für hundertfünfzig Tage an der Macht, tatkräftig unterstützt von den europäischen Westmächten, die damit versuchen, ihren Einfluss in der Region zu sichern. Allerdings geschieht das alles erst ein Jahr nachdem Witte laut seinen Memoiren aus Albanien geflohen ist. Ein Deutscher in Albanien – das ist der einzige Punkt, in dem sich Wittes Geschichte mit den realen Ereignissen überschneidet, wie sie heute von Historikern erforscht und rekonstruiert sind.

«Für Wittes Version gibt es keinerlei schriftliche Belege, weder Briefe noch Presseartikel, nur seine Bücher und Erzählungen», sagt Schmidt-Neke. Andere Ereignisse, die sich in dieser Zeit auf dem Balkan zugetragen hätten, seien hingegen gut dokumentiert. Auch die Daten, die Witte nennt, stimmen mit den realen Geschehnissen in der Region nicht überein. Zum Beispiel hatten im Gegensatz zu Wittes Ausführungen nicht die Türken, sondern die Serben die Oberhand in Albanien. Aber das wohl schwerwiegendste Argument, das gegen Wittes Geschichtsversion spricht, lautet: Einen türkischen Prinzen namens Halim Ed-din hat es dem Albanienexperten Schmidt-Neke zufolge nie gegeben. Für den Wissenschaftler ist Otto Wittes fünftägiges königliches Regiment nicht mehr als eine große Phantasiegeschichte.

Aber eine, die er unfassbar gut zu erzählen wusste. Bevor

Witte seine beiden Bücher herausgibt, tingelt er mit seiner Geschichte über die Jahrmärkte. Er legt sich Tag für Tag die osmanische Uniform an, setzt sich den türkischen Fez auf den Kopf und schnallt sich den Säbel um. Immer und

Der Pankower Otto Witte im prachtvollen Königsgewand und mit seiner Tochter «Prinzessin Elfriede».

immer wieder erzählt er in dieser Aufmachung von seinen albanischen Abenteuern. So durchlebt er täglich mehrmals, wie er zum König ausgerufen wird, sich im Harem vergnügt und überstürzt aus dem Land flieht. Und die Zuhörer sind fasziniert von seinen Geschichten aus fernen Ländern. Auch Zeitungen berichten von seinen angeblichen Erlebnissen.

Irgendwann beginnt Otto Witte vielleicht, seine Geschichten selbst zu glauben. Realität und Fiktion verschwimmen in seinem Kopf. «Pseudologia phantastica» nennt die Psychologie diese Störung – den Drang zum notorischen Lügen und Übertreiben. Man kann aber auch einfach Otto Wittes Begabung anerkennen, unglaublich gute Geschichten zu erzählen. So überzeugend, dass man sie trotz inhaltlicher Widersprüche einfach glauben muss.

Ob er dieses Talent an seine Nachfahren vererbt hat? Vermutlich nicht. Otto Wittes Urenkel Norbert Witte ist den Berlinern ebenfalls nicht unbekannt. Allerdings in einem nicht ganz so abenteuerlichen Zusammenhang. Norbert Witte will kurz nach der Jahrtausendwende den heruntergekommenen Spreepark im südlichen Berliner Bezirk Treptow in einen modernen Freizeitpark verwandeln. Das Unternehmen fährt er jedoch heillos und mit Schulden in Millionenhöhe an die Wand. Sogar ein Film wurde über dieses Desaster gedreht, darin kommt die heutige Familie Witte verständlicherweise nicht besonders gut weg.

Für seine phantastischen Erzählungen als türkischer Adliger ist Urgroßvater Otto Witte hingegen nachträglich noch zu Ruhm und Ehre gekommen. Nicht nur in zwei Romanen, denen seine Memoiren als Grundlage dienten, sondern auch im realen Leben: Eine Pfadfindergruppe aus seiner alten Nachbarschaft hat sich nach dem Pankower König von Albanien benannt. Es ist der Stamm «Otto Witte».

Spuk im Bethanien

Mitten in Berlin-Kreuzberg steht eine Festung mit zwei hohen Türmen. Und zwar ausgerechnet in einem der am dichtesten besiedelten Kieze, im Mariannenkiez. Ein riesiges Gebäude aus dem 19. Jahrhundert erhebt sich dort inmitten eines Wohngebiets und wirkt mit seinen gelben Ziegeln wie ein Fremdkörper zwischen einigen sanierten Altbauten und den vielen sozialen Wohnungsbauten aus den Siebzigern. Hundert Meter lang und zwanzig Meter hoch ist der Bau, von dem links und rechts zwei lange Seitenflügel abgehen. Davor liegt ein kleiner Park, der dem Kiez seinen Namen gegeben hat, der Mariannenplatz, wo sich am 1. Mai alljährlich Tausende Berliner vor Konzertbühnen und Essensständen treffen, um gemeinsam zumeist friedlich in den Mai zu tanzen.

Seit den siebziger Jahren ist das Bethanien Treffpunkt für Künstler aus aller Welt, die hier arbeiten und ihre Werke ausstellen. Auch der weltbekannte Street-Art-Künstler Banksy hat sich vor Jahren auf einer der Wände ausgetobt. Da war er allerdings noch nicht so berühmt wie heute, weswegen sein Bild kurze Zeit später Malerarbeiten zum Opfer gefallen ist. Neben den Ateliers und Ausstellungsräumen befinden sich hier auch eine Musikschule, eine Druckerwerkstatt und ein Restaurant sowie die Büros einiger politischer und sozialer Initiativen. Seit 2009 das Bezirksamt Friedrichshain-Kreuzberg die Verwaltung übernommen hat, lautet der offizielle Name «Kunstquartier Bethanien». Ironie des Schicksals, wenn man bedenkt, dass vor knapp vierzig Jahren für den Erhalt des mittlerweile denkmalgeschützten Gebäudes mit der bundesweit ersten und vor allem erfolgreichen Hausbesetzung gekämpft werden musste.

Aber das Haus Bethanien hat nicht nur eine politische, sondern auch eine gruselige Geschichte. Für viele ist der wuchtige Ziegelbau einer der unheimlichsten Orte der Stadt, denn nachts sollen die Geister von Bethanien hier ihr Unwesen treiben. Und die haben das volle Gespensterprogramm drauf: Unheimliche Klopfgeräusche, jammernde Stimmen aus dem Nirgendwo, von Geisterhand zerspringende Vasen, so erzählt es die Berliner Schriftstellerin Sarah Khan in ihrem Buch «Die Gespenster von Berlin». «Für mich war es die Vielzahl der verschiedenen Gespenstererlebnisse, die das Bethanien so gruselig erschienen ließ», sagt Khan über Berlins belebteste Geisterstätte. Eine besonders unheimliche Begegnung hatte wohl einst ein schwedischer Künstler. Eines Nachts beobachtete er einen knochendürren alten Mann, der nichts weiter als eine lange weiße Unterhose trug. Nachdem der Alte im Zimmer hin und her geschritten sei, soll er plötzlich durch eine Wand verschwunden sein.

Im Selbstversuch wagt sich Sarah Kahn in das Geisterhaus von Kreuzberg. «Der Plan war, die Nacht dort zu verbringen und abzuwarten, was passiert», erzählt die Schriftstellerin. Ausgestattet mit einem Mikrophon und einem Aufnahmegerät erhofft sie sich, Zeugin von echten Gespensterwehklagen zu werden.

«Geister brauchen akustisches Material, in dem sie sich ausdrücken können, das Rauschen von Radio- oder Fernsehgeräten etwa», erklärt Khan ihr Vorhaben. Da ihr eine neuseeländische Künstlerin zuvor von mysteriösen Tropfgeräuschen im Bethanien berichtet hatte, will Khan auf ihrer Geisterjagd mit ebensolchen die Gespenster hervorlocken.

Doch die Nacht in der Kreuzberger Geisterburg wird für Sarah Khan zu einer Enttäuschung, weder beobachtet sie unheimliche Erscheinungen, noch finden sich in ihren Aufnahmen mysteriöse Klänge. Einen endgültigen Beweis für den Spuk im Bethanien kann sie nicht liefern. Handelt es sich hier also nur um Hirngespinste einiger sensibler Künstler, oder was steckt wirklich hinter dem angeblichen Gespensterunwesen mitten im Kreuzberger Kiez?

Für den Wissenschaftsjournalisten und Buchautor Bernd Harder existieren keine Gespenster, sondern nur rationale Erklärungen. Er ist einer der Experten für Geistergeschichten und Großstadtmythen von der Gesellschaft für die wissenschaftliche Untersuchung von Parawissenschaften, kurz GWUP. Deren Lieblingsbeschäftigung ist die Enttarnung von vermeintlichen Geisterorten. Und so ist auch das Bethanien für Harder erst mal ein durch und durch gespensterloser Ort. «Meist entstehen solche Mythen aus einer unheimlichen Vergangenheit. Das kann bedeuten, dass dort früher einmal etwas Schreckliches oder für die damaligen Verhältnisse Unerklärliches passiert ist.» Gerüchte verbreiten sich eben am besten in Verbindung mit starken Gefühlen wie Angst oder Ekel. «So häufen sich dann plötzlich die Geschichten von Menschen, die dort etwas Unheimliches erlebt haben wollen», so Harder. Im Fall von Bethanien könnte dies auch zutreffen. Denn Bernd Harder weiß, bevor das Gebäude in den Siebzigern eine Heimat für Künstler aus aller Welt wurde, hatte es lange Zeit eine gänzlich andere Funktion: Es diente für mehr als hundert Jahre als Krankenhaus. Und welcher Ort eignet sich besser für Gruselgeschichten als ein burgähnliches Spital aus alten Zeiten? Doch ist dessen Geschichte wirklich so fürchterlich, wie Harder vermutet?

Sie beginnt Mitte des 19. Jahrhunderts immerhin etwas unheilvoll mit einem Toten. Ludwig Persius, Hofarchitekt von König Friedrich Wilhelm IV. und ein Schüler des damaligen Stararchitekten Karl Friedrich Schinkel, erliegt 1845 im Alter von nur vierzig Jahren einer Typhuserkrankung und hinterlässt seine unvollendeten Pläne für ein neues städtisches Krankenhaus, das zukünftige Bethanien.

Zu diesem Zeitpunkt gibt es in Berlin neben einigen kleinen medizinischen Praxen nur ein großes Klinikum, die Königliche Charité. Doch die preußische Residenzstadt wächst rasant und mit ihr auch der Anteil der armen Bevölkerung. König Friedrich Wilhelm IV. will nach mittelalterlichem Vorbild die Armenfürsorge wieder verstärkt in die Hand der Kirche legen. So schwebt ihm ein riesiges Ordenskrankenhaus vor, das von frommen protestantischen Diakonissen geleitet werden soll.

Doch Friedrich Wilhelm IV. ist nicht nur sehr gläubig, sondern auch ein begeisterter Hobbyarchitekt. Der erste Entwurf von Persius sieht ursprünglich fünfhundert Betten vor, eine Schwesternschule und ein Waisenhaus. Daraus entsteht nach seinem Tod unter seinem Nachfolger Stadtbaurat Theodor Stein – und nicht ohne erhebliche Eingriffe des Königs – ein dreiflügeliger Bau mit zwei Türmen, aber nur noch dreihundertfünfzig Betten. Die zwei spargelartigen achteckigen Kirchtürme, die den Haupteingang flankieren, sind die Idee des frommen Königs, denn schließlich müsse auch erkennbar sein, dass es sich hierbei nicht nur um ein Krankenhaus, sondern auch um ein Gotteshaus handelt. Als Standort für das Armenspital wird ein noch unbebautes Gelände gewählt, das Köpenicker Feld vor den Toren der damaligen Residenzstadt. 1845 wird der Grundstein gelegt, und zwei Jahre später findet die Einweihung des neuen Krankenhauses statt. Der Name geht übrigens auf das biblische Bethanien zurück, wo Jesus den nach schwerer Krankheit verstorbenen Lazarus wieder zum Leben erweckte.

Doch der Namenspatron aus dem Neuen Testament bringt dem Berliner Bethanien alles andere als Glück – oder auch Gesundheit – in die Gemäuer. Zwar herrscht in der damaligen Bevölkerung ohnehin ein großes Misstrauen gegen-

Das Bethanien – lange bevor drum herum der dicht bebaute Kreuzberger Mariannenkiez entstand.

über Krankenheilanstalten – wer es sich leisten kann, lässt sich lieber zu Hause behandeln –, doch noch stärker ist die Abneigung, wenn zusätzlich die vor allem in Berlin verpönte «Priesterei» im Spiel ist. Kein konfessionell getragenes Krankenhaus muss in dieser Zeit so viel Kritik und Spott ertragen wie das Bethanien, schreibt der Berliner Sozialhistoriker Hasso Spode gut 160 Jahre später. «Die 350 Betten standen zum großen Teil leer.»

Wenige Monate nach der Eröffnung findet ein junger Apotheker eine Anstellung im neuen Krankenhaus. Es ist der 28-jährige Theodor Fontane, der später einmal einer der wichtigsten deutschen Dichter werden wird. Er hatte sich um die Stelle in der Krankenhausapotheke beworben, wo seine Aufgabe unter anderem darin besteht, zwei Schwestern das Zusammenrühren von Salben und Tinkturen beizubringen. Fontane wohnt im Ärztehaus neben dem Hauptgebäude und arbeitet etwas mehr als ein Jahr im Bethanien. Auch ihm bleibt dessen schlechter Ruf nicht verborgen. So schreibt er in seinen Memoiren mit dem Titel «Von Zwanzig bis Dreißig»: «Die Berliner Bevölkerung wollte von dem ganzen auf protestantischer und, wie mancher fürchtete, vielleicht sogar auf katholischer Kirchlichkeit aufgebauten Krankenhause nicht viel wissen.»

Und das miese Bild des Hauses wird durch die Ereignisse während der zeitgleich stattfindenden Märzrevolution 1848 nicht gerade verbessert. 45 schwerverletzte Revolutionäre werden nach einem Schusswechsel mit königlichen Soldaten in das Diakonissen-Krankenhaus eingeliefert – und zwar gegen ihren Willen. Doch anstatt sie schnellstmöglich medizinisch zu versorgen, werden sie bei höllischen Schmerzen von den Schwestern am Krankenbett zur Buße gezwungen. Nach deren frommem Glauben ist Krankheit nämlich ein Zeichen Gottes, und nur durch Buße und Reue könne der Kranke geheilt werden. Einige der Soldaten sterben kurz darauf an Wundfieber, nicht wenige vermuten böse Absicht dahinter.

Das ist jedoch nur der Beginn eines großen Leidens und Sterbens. Zwar ist das Spitalsgebäude gemäß neuesten Erkenntnissen gebaut worden, zum Beispiel gibt es in jedem Krankenzimmer große Fenster zum Lüften und direkt nebenan Klosetts, doch zugleich mangelt es an wesentlichen hygienischen Einrichtungen. Im ganzen Gebäude fehlen wichtige Wasser- und Abwasserleitungen. Die Exkremente werden im Keller in riesigen Latrinenbottichen gesammelt, den sogenannten «Kothfässern», die sich direkt neben den Leichen- und Wäschekammern befinden. Zum Reinigen der Korridore wird das Wasser aus dem nahen Kanal verwendet, einer fließenden Kloake, denn ein modernes Abwassersystem gibt es nicht. Auch die Krankenversorgung erreicht nicht einmal die gängigen Mindeststandards der damaligen Zeit. Operiert wird auf tragbaren Operationsstühlen in den Krankenzimmern. Bei der Planung war zwar eine chirurgische Abteilung vorgesehen worden, doch später verzichtete die Anstaltsleitung wieder darauf. Die Folgen der katastrophalen Zustände im Haus Bethanien sind verheerend: Reihenweise sterben die Patienten den Ärzten und Schwestern auf den Behandlungstischen weg. Obwohl in der Charité zur gleichen Zeit schon Chlor, Jod und Phenol zur Desinfektion eingesetzt wird, um den Wundbrand in den Griff zu bekommen, weiß man von alldem im Bethanien zunächst nichts.

Tödlicher Höhepunkt ist der Sommer 1869, als ein Großteil der Patienten, manche Quellen sprechen von mehreren hundert, bei lebendigem Leibe verfault. Der Ruf des Berliner

Diakonissen-Krankenhauses ist damit vollends ruiniert. Der Vorwurf, hier werde nur gut gebetet, aber nicht gut behandelt, scheint sich endgültig bestätigt zu haben. Kaum ein Arzt überweist seine Patienten noch ins Bethanien, und selbst während des Deutsch-Französischen Krieges 1871 ist es dem Krankenhaus verboten, verwundete Soldaten aufzunehmen, da man befürchtet, sie dort schneller zu verlieren als auf dem Schlachtfeld.

Die Wende kommt erst mit einem seitenlangen Brandgutachten des zweiten Chefarztes und Chirurgen Robert Wilms. Darin macht er seinem Ärger über die Zustände im Bethanien Luft. Obwohl sicher auch das medizinische Personal eine gewisse Schuld treffe, prangert Wilms vor allem die Anstaltsleitung an. Die Vorwürfe richten sich besonders gegen den Stettiner Pastor Ferdinand Schultz, der das Krankenhaus bis dahin eher wie eine Kaserne geführt haben soll und nicht wie ein ordentliches Krankenhaus. Schultz wird daraufhin zwangsversetzt. Die «Börsenzeitung» triumphiert: «Der fromme Zauber hat ein Ende!» Nun erst werden lebensrettende Verbesserungsmaßnahmen durchgeführt, es gibt ein separates Leichenhaus, neue Latrinenrohre sowie einen modernen Desinfektionsapparat nach dem Vorbild der Erfindung von Louis Pasteur.

Endlich kehrt Ruhe ein in das Skandalkrankenhaus von Kreuzberg, und so wird noch bis 1970 in der Diakonissen-Anstalt weiter behandelt. Dann will die Stadt das Kapitel Bethanien endgültig schließen und das alte Gebäude abreißen lassen, aber Bürgerinitiativen und Hausbesetzer setzen sich erfolgreich zur Wehr. Und so bleibt das Bethanien ein Ort, der zeigt, dass die Realität nicht selten gruseliger ist als jede Spukgeschichte.

Pankows letzte Zeugen

Wer zu Zeiten der deutschen Teilung in Westdeutschland «Pankow» sagte, hatte damit oft mehr als nur den Ostberliner Bezirk im Norden der Stadt im Sinn. Gemeint war vielmehr das politische Herz des sozialistischen Nachbarn. So soll der westdeutsche Bundeskanzler Adenauer stets von den «Machthabern in Pankoff» gesprochen haben. Und selbst als die Entscheidungsträger der DDR längst weitergezogen waren, als das Regierungszentrum längst in Mitte lag und man in der abgesperrten Waldsiedlung Wandlitz wohnte, da besang Udo Lindenberg noch den «Sonderzug nach Pankow».

Doch eine auch international bedeutsame Rolle beginnt Pankow erst in den siebziger Jahren zu spielen. Es ist das Jahrzehnt, in dem die Deutsche Demokratische Republik weltweit anerkannt wird. Immer mehr Länder wollen nun, nachdem das Land 1973 in den Kreis der souveränen, gleichberechtigten Staaten der Vereinten Nationen aufgenommen wurde, auch diplomatische Beziehungen zur DDR unterhalten. Im Stadtteil Pankow entsteht das Botschafterviertel. Doch so viele geeignete Häuser, wie plötzlich für die neuen ausländischen DDR-Bewohner benötigt werden, gibt es gar

nicht in Ostberlin. Also werden für die Botschaften und Residenzen eigens spezielle Plattenbauten entworfen und gebaut. «Typ Pankow» heißen sie und sehen aus wie mehrstöckige Einfamilienhäuser im Bauhausstil.

Der Chef des Bundeskanzleramts reist persönlich nach
Ostberlin, um geeignete Immobilien für den sogenannten
«Ständigen Vertreter der Bundesrepublik» und seine Mitarbeiter zu suchen. Als er die Diplomatenplatte «Pankow»
sieht, winkt er ab. Sie sei zu klein und eines Diplomaten
nicht würdig, wie Jacqueline Boysen in ihrem Buch «Das
‹weiße Haus› in Ost-Berlin» schreibt. Dem Kanzleramtschef
schwebt etwas Größeres und vor allem Repräsentativeres
vor für den obersten Diplomaten aus der Bundesrepublik,
er denkt an einen prachtvollen Neubau. Doch diese Idee
kommt bei der DDR-Führung gar nicht gut an.

Anders als in Westdeutschland, wo sich die ausländischen Vertreter auf dem Immobilienmarkt selbst das
passende Gebäude für ihr Land suchen dürfen, werden in
der DDR die diplomatischen Residenzen und Kanzleien von
oben zugewiesen. So landet Günter Gaus, der erste von insgesamt vier Ständigen Vertretern in der DDR, schließlich
ebenfalls im Bezirk Pankow, in der Kuckhoffstraße 41–43.
Seine Residenz besteht aus zwei Fünfziger-Jahre-Bauten
mit Giebeldach, die immerhin durch einen zweistöckigen
Neubau verbunden werden. Zwar gewinnt das Gebäude
so an Fläche, insgesamt hat es nun hundertzwanzig Quadratmeter, aber von einer stilvollen Diplomatenresidenz ist
Gaus' Wohnsitz in der DDR weit entfernt. Immerhin teilt
sich die Bundesrepublik dieses Schicksal mit der Schweiz,
deren Botschafter gegenüber in einem Gebäude ähnlichen
Typs einquartiert wird. Bald stellt sich zu allem Überfluss
auch noch heraus, dass die Volkspolizisten, die bei Tag

und Nacht in ihrem Wachhäuschen auf der Straße sitzen, nicht nur zum Schutz der Diplomaten da sind. Akribisch beobachten und dokumentieren sie das Kommen und Gehen.

Nach der Wende ist mit alldem natürlich Schluss. In kürzester Zeit verschwinden die meisten Botschaften aus Pankow. Nur ein paar wenige Vertreter kleiner und finanzschwacher Staaten wie zum Beispiel Eritrea, die Kapverden oder die Mongolei bleiben. Bis heute führen sie ihre diplomatischen Geschäfte aus den Büros in den Pankower Plattenbauten. Vom internationalen Flair jener Zeit, als die diplomatischen Vertreter aus der ganzen Welt hier noch Tür an Tür wohnten und arbeiteten, ist nicht mehr viel zu spüren. Doch wer genau hinschaut, entdeckt die Überbleibsel, die auf besonders kuriose Weise die Stellung halten.

Mitten in Pankow, zwischen Arnold-Zweig- und Greta-Garbo-Straße, liegt zum Beispiel ein 21 000 Quadratmeter großes Grundstück, etwas größer als zwei Fußballfelder. Es ist mittlerweile ziemlich zugewuchert, mit hohem Gras, wildwachsenden Büschen und jungen Bäumen, und es ist komplett unbebaut. Dieses riesige Stück Brachland ist das schönste Tummelfeld für Hundebesitzer und ihre Lieblinge: bewachsen, weitläufig und dennoch umzäunt. Aber kaum jemand weiß, über wessen Land Bello, Fiffi & Co. da tollen.

Denn genau genommen gehört das Grundstück der Volksrepublik China, wie der zuständige Bezirksstadtrat von Pankow bestätigen kann. Es war den Chinesen noch zu DDR-Zeiten zugewiesen worden, vermutlich sollte hier zusätzlich zu ihrem bereits vorhandenen Botschaftsgebäude in Karlshorst ein zweiter Standort entstehen. Aber der Fall der Mauer veränderte bekanntlich alles, und so zog die chinesische Vertretung lieber in einen wuchtigen abgeschotteten Bau am Märkischen Ufer direkt an der Spree.

Ob auf jenem verlassenen Areal in Pankow auch die chinesischen Gesetze eingehalten werden, scheint ihnen bis heute egal zu sein. Seit dem Ende der DDR hat sich kein Vertreter der chinesischen Botschaft für das Grundstück interessiert. So gerät es immer weiter in Vergessenheit – zumindest bei denen, die keine Hunde besitzen.

Ein anderer verlassener Ort in Pankow blickt auf eine noch geheimnisvollere Geschichte zurück. Es ist ein Haus mitten im hiesigen Villenviertel, in der Tschaikowskistraße. Ein DDR-Botschaftsbau des Typs «Pankow III», wie die meisten anderen stammt er aus den siebziger Jahren. Ein schmuckloser zweistöckiger, ehemals grauweißer Betonbau mit durchgehendem Balkon. Die Fassade ist voller Graffiti, und die Stufen zum Eingang sind mit Schutt bedeckt, zwischen dem das Unkraut wuchert.

Durch eine eingeschlagene Glastür geht es ins Innere des Gebäudes. Und hier zeigt sich ein noch wüsteres Bild. Glasscherben liegen überall auf dem Boden verstreut, alte Sessel sind zerpflückt und Stühle demoliert. Papiere ohne Ende, vergilbte Dokumente, Bücherfetzen, Aktenberge in fast jedem Raum. Ein Blick auf die Unterlagen verrät, es handelt sich um Dokumente der ehemaligen irakischen Botschaft. Die «Geisterbotschaft» von Pankow, wie sie mittlerweile von Reiseführern und Blogs genannt wird, hat offensichtlich schon viele Besucher empfangen, die sich anscheinend nicht besonders gesittet aufgeführt haben. Doch warum ist diese Botschaft überhaupt verlassen und verfällt seit Jahren zusehends, ohne dass der rechtmäßige Besitzer etwas dagegen tut?

Hans-Michael Schulze, SED-Experte und Referent im DDR-Museum in Berlin-Mitte, war einer der Ersten, die sich vor mehr als zehn Jahren in das leere Gebäude hinein-

In der irakischen Botschaft in Pankow wird zwar schon seit Jahrzehnten nicht mehr gearbeitet, Besucher gehen hier trotzdem ein und aus.

gewagt hatten. Ihm war aufgefallen, dass sich dort schon lange niemand mehr aufgehalten hatte. Im Jahr 2000 sei das gewesen, erinnert sich der Historiker, der sich seit Jahren mit der Geschichte des ehemaligen Botschaftsviertels in Pankow beschäftigt. «Drinnen war aber alles noch intakt. Die Sachen lagen rum, als wäre das Gebäude gerade erst verlassen worden.»

Damals glaubt Schulze noch, die Botschaftsangehörigen würden vielleicht doch zurückkommen, und macht sich schnell wieder aus dem Staub. Erst einige Jahre später stattet er dem Haus erneut einen Besuch ab. Aber diesmal bietet sich ihm ein ganz anderes Bild, in den Räumen ist mittlerweile ziemlich wild randaliert worden. Also beginnt er zu retten, was noch von historischem Wert sein könnte. Und das sind vor allem die zahlreichen Dokumente, die im ganzen Haus verteilt auf dem Boden liegen. Darunter viele Diplom- und Doktorarbeiten von Irakern, die vermutlich in der DDR studiert haben. Sie mussten wohl ein Exemplar ihrer Abschlussarbeiten, die sie an den deutschen Universitäten geschrieben hatten, in der Botschaft abgeben.

Aber noch interessanter findet Schulze die zahlreichen Reiseanträge. «Da waren viele Visaanträge drunter, die zeigten, dass die Botschaft nur bis 1991 gearbeitet hat», sagt Schulze. Sie stand also schon vor seinem ersten Einstieg gut acht Jahre leer. Aber warum mussten die Botschaftsangehörigen Hals über Kopf ihre Vertretung in der ehemaligen DDR verlassen?

1991 ist das Jahr, in dem sich in der Tschaikowskistraße 51 alles ändert. Im Irak tobt der zweite Golfkrieg, Diktator Saddam Hussein hat den Nachbarstaat Kuwait angegriffen und erobert. Die USA und die Koalitionskräfte versuchen, das Land zu befreien. Diese Situation wirkt sich auch auf die Arbeit der irakischen Botschafter in den meisten Ländern aus – sie fürchten um ihre Anerkennung. In Berlin werden die Botschaftsangestellten aufgefordert, das Land zu verlassen; ob vonseiten der Bundesrepublik oder des Iraks, ist heute nicht mehr eindeutig festzustellen. Auf jeden Fall erfolgt der Auszug schnell und überstürzt. Keine Zeit, um richtig zu packen und aufzuräumen. Anscheinend gehen sie einfach: Alles bleibt stehen und liegen wie an einem normalen Tag zum Feierabend. Und sie kehren nie wieder zurück.

Nach dem Ende des Golfkrieges normalisiert sich das Verhältnis zwischen der Bundesrepublik und der Iraker Regierung langsam wieder. Ein diplomatischer Neuanfang wird gewagt, doch diesmal mit einem neuen Botschaftsgebäude im noblen Berlin-Dahlem. So gerät die alte Botschaft im Pankower Villenviertel genauso wie das chinesische Grundstück langsam in Vergessenheit. Zumindest bei den offiziellen irakischen Vertretern. Nur das Auswärtige Amt gibt noch Auskunft: Das Grundstück gehöre der Bundesrepublik, das Gebäude sei aber in irakischem Besitz, heißt es von dort, und die Iraker besäßen für das Gelände ein unentgeltliches und unbefristetes Nutzungsrecht. Damit wird der Ball eindeutig an die Iraker zurückgespielt. Doch von deren Seite sind keine Pläne für die Zukunft des Gebäudes bekannt. Also bleibt die verlassene irakische Botschaft auch weiterhin ein stummer Zeuge einer längst vergangenen Epoche.

Endlich Ordnung

An Superlativen mangelt es Berlin, der größten Stadt Deutschlands, wahrlich nicht. So soll es in der Hauptstadt mehr Brücken als in Venedig geben, mehr Museen als in Madrid, das größte Kaufhaus in Kontinentaleuropa und den artenreichsten Zoo der Welt. Da fällt ein Titel mehr auf der Liste gar nicht weiter auf und wird erst recht nicht immer überprüft.

Von einigen Reiseführern wird etwa gern behauptet, dass auf dem Potsdamer Platz, im jüngsten und modernsten Stadtviertel der Hauptstadt, einst die allererste Ampel der Welt stand. Heute erinnert daran ein Nachbau, ein gut fünf Meter hoher gusseiserner Verkehrsturm. Fünf Seiten hat er mit jeweils einer Uhr daran und den obligatorischen Signallampen, die, wie damals üblich, nebeneinander und nicht wie heute untereinander angebracht sind. Ein Relikt aus längst vergangener Zeit, als am Potsdamer Platz schon einmal das Leben tobte. Lange bevor der Krieg und die Teilung der Stadt diese Gegend für Jahrzehnte in ein brachliegendes Niemandsland zwischen Ost und West verwandeln. So abwegig klingt es ja nicht, dass im Mutterland von Gründlichkeit und Ordnung auch die weltweit erste Ampel für einen geregelten Verkehrsablauf gesorgt haben soll. Doch wie viel Wahrheit steckt hinter dieser Behauptung?

Bis zum Ausbruch des Zweiten Weltkriegs ist der Potsdamer Platz mindestens genauso bedeutend und bekannt wie heute. Ursprünglich nur eine einfache Kreuzung vor einem Stadttor, entwickelt er sich mit der Eröffnung des Potsdamer Bahnhofs 1838 zu einem der geschäftigsten Orte der Stadt. Mehrere Hotels und sogenannte Vergnügungsstätten sorgen für buntes Treiben. Das Luxushotel «Esplanade» zum Beispiel lockt mit mehreren Prunksälen im Stil der Belle Époque. Kaiser Wilhelm II. feiert darin rauschende Feste mit seinen erlauchten Gästen. Nach dem Ersten Weltkrieg arbeitet der spätere Filmregisseur Billy Wilder dort als Eintänzer, und die Schauspielerin Greta Garbo sitzt regelmäßig an der Hotelbar.

Im Weinhaus «Rheingold» nebenan können schon damals bis zu viertausend Menschen gleichzeitig bewirtet werden. In insgesamt vierzehn luxuriösen Sälen – jeder nach einem anderen Motto gestaltet, von exotisch bis mittelalterlich – sollen die Gäste sich amüsieren und vor allem jede Menge Geld ausgeben. Legendäre Tanzcafés wie das «Haus Vaterland» und der «Europa Tanz-Pavillon» locken mit den ersten Leuchtreklametafeln der Stadt täglich Tausende Berliner und Touristen an den Potsdamer Platz. Auf den breiten Gehwegen und den vielbefahrenen Straßen ist die Hölle los. Der in Berlin lebende Reiseschriftsteller Arthur Holitscher beschreibt im Jahr 1920 den urbanen Exzess: «Der Potsdamer Platz ist nach seinem heutigen Aussehen zu urteilen gar kein Platz mehr, sondern eine Schlucht, ein Canyon, ein Felsenbett, das sich der Großstadtverkehr aus den Häusermassen herausgekerbt hat.»

Mit Untergrund- und Stadtbahn, mehreren Tram- und

Buslinien und auch immer öfter mit dem eigenen Automobil kommen die Menschenmassen angerollt. Fünf Straßen führen in dieser Zeit auf den Potsdamer Platz. Die unübersichtliche Straßenkreuzung gilt damals als die verkehrsreichste Europas. Das hat schwerwiegende Folgen: «Die erste Unfalluntersuchung von 1922 ergab ein erschreckendes Bild. An keinem Ort in Berlin ereigneten sich so viele Unfälle wie am Potsdamer Platz», sagt Herbert Lihmann. Jahrelang war Lihmann der Leiter der Berliner Behörde für Straßenwesen. Seit er im Ruhestand ist, beschäftigt er sich erst recht ausgiebig mit der Verkehrsgeschichte der Hauptstadt. «Für die Autos gab es weder Vorfahrtsregeln noch irgendwelche anderen Vorschriften. Die Fußgänger liefen einfach kreuz und quer über die Straße, und dazwischen bimmelten sich die Straßenbahnen ihren Weg durch die Massen», erzählt der Verkehrsexperte.

Um den Verkehr zumindest vor dem totalen Kollaps zu bewahren, werden in den frühen zwanziger Jahren Schutzbeamte eingesetzt, die an den Straßeneinmündungen die Autos und Fußgänger koordinieren sollen. An jeder Ecke steht ein Polizist, ausgestattet mit einer Hupe, mit der er den Verkehrsteilnehmern und den Kollegen an den anderen Straßenecken signalisiert, wer gerade freie Fahrt hat. Allerdings ist diese Maßnahme nur bedingt erfolgreich. Schuld sind die Fußgänger, so Lihman. Unbeeindruckt von den Schutzleuten und ihrem Gehupe laufen die Berliner einfach weiterhin über die Straße, wo und wann sie wollen. Eine andere Lösung muss also gefunden werden.

So macht sich im Jahr 1924 eine Delegation der Berliner Verkehrsbetriebe auf den Weg in die USA. Bei den amerikanischen Kollegen wollen sie Rat einholen, wie diese dem Verkehrschaos in ihren Millionenstädten Herr geworden sind. Denn im Mutterland der Automobilisierung sind die Unfallzahlen längst nicht so dramatisch wie am Potsdamer Platz. Grund: Ein elektrisch betriebener Verkehrsturm sorgt für Ordnung auf den Straßen. Doch ob das auch eine Lösung für Berlin sein kann?

In den USA angekommen, wird den deutschen Verkehrsexperten die technische Innovation vorgeführt, die in den Großstädten Chicago, Philadelphia und New York die Verkehrsmassen erfolgreich bändigen konnte. Auch hier regeln Polizisten den Verkehr. Damit ihnen aber auch Beachtung geschenkt wird, stehen sie auf meterhohen Türmen und schalten mit Hebeln abwechselnd rote, gelbe und grüne Lichter an, die die Fahrer zum Anhalten und Weiterfahren auffordern. Die Berliner Besucher sind begeistert und ordern sogleich ein Exemplar für die deutsche Hauptstadt.

Nach wochenlanger Überfahrt über den Atlantik kommt die amerikanische Ampel endlich in Berlin an. Um sie an die außergewöhnlichen Straßenverhältnisse am Potsdamer Platz anzupassen, wird dem vierseitigen Verkehrsturm noch eine fünfte Seite eingebaut, inklusive farbiger Lichter. Praktischerweise kann das die in Berlin ansässige Firma Siemens übernehmen, die damit den Grundstein für eines ihrer erfolgreichen Geschäftsfelder legt. Bis heute stammt die Hälfte aller Ampelanlagen in Deutschland, immerhin gut anderthalb Millionen, aus den Produktionsstätten von Siemens.

Der Titel «Älteste Ampel der Welt» steht dem Verkehrsturm am Potsdamer Platz also nicht zu. Was die Berliner Delegation als Revolution der Verkehrsregelung erlebt, ist in den Vereinigten Staaten längst ein alter Hut. Die importierte Version aus Stahl ist sogar schon eine Weiterentwicklung der ersten amerikanischen Ampel. Im Jahr 1914 wurde diese

Der Potsdamer Platz war der verkehrs- und unfallreichste Ort Berlins,
bis diese Ampel 1924 für Ordnung sorgte.

in Cleveland, Ohio, aufgestellt – nach den Plänen von Lester
Wire, einem tüftelnden Polizisten aus Salt Lake City, dessen
Verkehrsturm noch aus Holz gebaut wird. Doch nicht einmal diese Version kann sich mit der Auszeichnung rühmen,
die weltweit erste Ampel gewesen zu sein.

Fast ein halbes Jahrhundert zuvor hatte in London längst
das Großstadtchaos Einzug gehalten. Es ist das Jahr 1868,
das Auto ist noch lange nicht erfunden. In der britischen
Hauptstadt – damals mit drei Millionen Einwohnern die

größte Stadt der Welt – sorgen Droschken, Fuhrwerke, Pferde-Omnibusse und massenweise Fußgänger für völliges Durcheinander auf den Straßen. Besonders auf der Kreuzung vor dem House of Parliament kommt es immer wieder zu Unfällen. Für die britischen Parlamentsabgeordneten wird der Weg zur Arbeit zu einem riskanten Hindernislauf.

Eine mögliche Rettung kommt in Gestalt des Eisenbahningenieurs John Peake Knight aus Nottingham daher. Er schlägt vor, das sogenannte semaphore System zu verwenden – Flügelsignale, wie sie zu dieser Zeit beim modernsten Verkehrsmittel überhaupt, der Eisenbahn, längst in Gebrauch sind. Zeigt ein Flügelarm nach oben, ist die Durchfahrt erlaubt, schwenkt er zur Seite, muss gestoppt werden. Die Signale werden an einem Turm angebracht und von einem Bobby bedient. Da der Verkehr in London aber auch nachts nicht ruht, sollen in der Dunkelheit – wie in der Schifffahrt bereits üblich – grüne und rote Gaslaternen den Verkehr regeln.

Doch das ausgeklügelte britische Modell fällt durch den Alltagstest. Eine schwere Gasexplosion, die dem diensthabenden Schutzpolizisten das Gesicht schwer verbrennt, hat zur Folge, dass der Betrieb der anfangs hochgejubelten Anlage eingestellt wird. Erst nach der Erfindung des elektrischen Lichts feiert die technisch weiterentwickelte Version dieser Ampelanlage in den USA ihren Durchbruch.

Doch schon zwei Jahre bevor die Berliner Verkehrsdelegation die moderne amerikanische Ampel für sich entdeckt, haben die Franzosen ebenfalls eine US-Version importiert und in ihrer Hauptstadt aufgestellt. An der vielbefahrenen Kreuzung Rue de Rivoli und Boulevard de Sébastobel im ersten Arrondissement der französischen Metropole steht seit dem Jahr 1922 die erste elektrische Ampel Europas. Also zwei Jahre vor der deutschen Version am Potsdamer Platz.

Bleibt die Frage, ob dem Verkehrsturm am Potsdamer Platz damit wenigstens der Titel «Erste Ampel in Deutschland» bleibt. Auch hier streiten sich die Experten. Der ehemalige Leiter der Berliner Behörde für Straßenwesen Herbert Lihmann ist überzeugt: So eine Ampel hat es vorher noch nicht gegeben. Doch im traditionell konkurrierenden Hamburg regt sich Widerspruch. Dort soll nämlich schon 1922, also zwei Jahre bevor der Berliner Verkehrsturm in Betrieb genommen wurde, eine Ampel auf dem Stephansplatz aufgestellt worden sein. «Sie hatte zwei elektrische Lichter in Grün und Rot, und die haben den Verkehr geregelt», sagt der Verkehrshistoriker Mario Bäumer vom Hamburger Museum für Arbeit. Damit sei die Hamburger Ampel also die erste in Deutschland gewesen und die Berliner lediglich die zweite.

Doch einen kleinen Haken hat auch die Hamburger Geschichte, denn der Verkehrsexperte muss eingestehen: «Die Hamburger Version hatte keine Macht über Autos oder Fußgänger, sondern nur über Straßenbahnen.» Der restliche Verkehr wurde zu dieser Zeit noch nicht elektrisch geregelt. So bleibt der Ampel am Potsdamer Platz immerhin noch ein – wenn auch sehr kleiner – Superlativ: die erste Verkehrsampel in Deutschland, die endlich richtig für Ordnung sorgt. Und zwar bei allen Verkehrsteilnehmern.

Die Hauptstadt in Schwarzweiß

S ie sind ein Kuriosum im heutigen Smartphone- und Selfiezeitalter: die nostalgischen Berliner Fotoautomaten. Nicht zu verwechseln mit den moderneren Passbildautomaten, die in fast jedem Bahnhof stehen. Die alten Kabinen finden sich vor allem in den beliebten Szenevierteln und Trendkiezen wie Friedrichshain, Kreuzberg, Mitte oder Neukölln. Geschickt platziert an den jeweiligen Hotspots, in Clubs, vor Bars und sogar in Markthallen, begegnet man ihnen vor allem dort, wo sich das bunte und internationale Berlin-Publikum aufhält.

Dabei wirken sie auf den ersten Blick nicht besonders einladend: Vergilbter Sechziger-Jahre-Stil – Relikte einer längst vergangenen Zeit. Aber genau dieser Retrocharme scheint einen großen Reiz auszuüben, denn die Automaten werden ständig von Nachtschwärmern, Touristen und Verliebten belagert. Mitunter bilden sich lange Schlangen von Menschen davor, die alle darauf warten, dasselbe Ritual ausführen zu dürfen: Vorhang zu, zwei Euro rein, Auslöser gedrückt, und nach fünf Minuten spuckt die Maschine einen Streifen Fotopapier mit vier kurz hintereinander aufgenommenen Schwarzweißaufnahmen aus.

Vermutlich zieren solche Bilder mittlerweile unzählige Pinnwände, Kühlschränke und Nachttische in der ganzen Welt. In- und ausländische Blogs, Fashionmagazine und Reiseführer haben bereits über Berlins Fotoautomaten be-

Schweizer mit amerikanischen Vorfahren: Berlins Fotoautomaten sind aus dem Stadtbild kaum noch wegzudenken.

richtet. Auch in Kunst- und Musikvideos sind sie schon aufgetreten. Aus dem Stadtbild sind sie längst nicht mehr wegzudenken. Doch woher kommen sie überhaupt? Wer steckt hinter den Fotoboxen, dank derer man für kleines Geld ein Stück Berliner Atmosphäre mit nach Hause nehmen kann?

Wer die Störungsnummer anruft, die in jedem der Kästen hängt, landet bei Asger Doenst oder Ole Kretschmann. Den beiden Männern gehören die Fotoautomaten, sie putzen, reparieren und warten sie persönlich. Eigentlich kommen die beiden vom bewegten Bild, Ole Kretschmann ist Drehbuchautor und Asger Doenst Kameramann. Aber damit haben sie Anfang des Jahrtausends in Berlin kein Glück. «Wir saßen in einer besetzten Wohnung in Friedrichshain und haben Ideen gesponnen, wie man aus nichts etwas machen kann», erzählt Kretschmann. Da fallen ihm auf einmal die alten Fotoautomaten ein, die er von Verwandtenbesuchen in der Schweiz kennt. Alte Kisten, die vermutlich schon seit Jahrzehnten in den Städten der Alpenrepublik stehen. Gern erinnert er sich an die so schön altmodischen Schwarzweißbilder.

Die beiden Berliner beschließen, diese Schweizer Kultautomaten mal genauer unter die Lupe zu nehmen. Also reisen sie im Jahr 2003 gemeinsam in die Schweiz, auf der Suche nach den alten Fotokisten. «Wir waren sofort begeistert von der Qualität der Fotos», erzählt Kameramann Doenst. Denn anders als in den modernen Passbildautomaten werden die Bilder in den alten Automaten zweimal in den chemischen Entwickler getaucht, auf speziell dafür gefertigtem Papier. Dadurch bleichen die Schwarzweißfotos nicht so schnell aus wie herkömmliche Bilder, die nur einmal entwickelt und dann fixiert werden. So können die Fotos bis zu einhundert Jahre überstehen.

Die beiden Berliner sind fasziniert. Die Idee, selbst solche Fotokisten in Berlin zu betreiben, begeistert sie immer mehr. Aber wie sollen sie in dieses Geschäft einsteigen, und vor allem – wie sollen sie an die Fotoautomaten herankommen?

«Diese beiden Herren aus Berlin waren einige Male in Zürich und haben unauffällig unsere Maschinen beobachtet», erzählt Martin Balke mit schweizerdeutschem Akzent. Er ist damals der Besitzer der Schnellphoto AG, die die Schweizer Fotoautomaten betreibt. Es ist ein kleines Familienunternehmen, das Martin Balke mit seinem Bruder Christoph vor mehr als einem halben Jahrhundert gegründet hat. Sie hätten die Automaten aber nicht erfunden, sagt Balke, die gab es nämlich schon längst in seiner alten Heimat, den USA. «In Amerika kann sich jeder so einen Fotoautomaten anschaffen und betreiben», erzählt der heutige Ruheständler.

Balke arbeitet Anfang der 1960er Jahre als Monteur für einen amerikanischen Hersteller von Fotoautomaten. Damals habe er sich einfach genau angeguckt, wie die Geräte funktionieren, erzählt Balke, wie man sie repariert und was man besser machen könne. Und dann habe er beschlossen, selbst einen zu betreiben. Mit dem neu erworbenen Wissen macht Balke sich selbständig, und weil er sich kurz darauf in eine Schweizerin verliebt, zieht er ihr kurzerhand nach. Mit im Gepäck hat er einen der alten amerikanischen Fotoautomaten. Doch der bleibt nicht lange allein. Balke gründet mit seinem Bruder die Schnellphoto AG und legt mit weiteren Fotoautomaten aus den USA den Grundstein für ihr «Ein-Fränkler-Imperium». Denn eine Bilderreihe kostet in den Automaten der Balkes nur einen Franken.

Hundertfünfzig Automaten in der Schweiz und ein paar Dutzend in ganz Europa stellen die Brüder in den kommenden Jahren auf. Selbstverständlich sind sie auch mit der

Wartung der Fotokisten betraut. Kein einfacher Job, denn die Automaten müssen regelmäßig entleert und gesäubert werden. Vor allem für die Reparaturen und das Auswechseln der Chemikalien ist Fachwissen nötig.

Im Jahr 2003, nach rund fünf Jahrzehnten im Fotoautomatengeschäft, steht Balke jedoch vor einem Problem. Er weiß nicht, wer sein Geschäft weiterführen soll. Sein Bruder und er werden langsam zu alt, seine Kinder zeigen kein Interesse, ins Business einzusteigen. Umso größer ist die Freude, als Asger Doenst und Ole Kretschmann sich endlich trauen anzurufen – nachdem sie tagelang um die Automaten herumgeschlichen sind. Höflich erkundigen sich die beiden, ob sie vielleicht einen Automaten abkaufen und nach Berlin mitnehmen könnten.

«Ja, selbstverständlich, hab ich gesagt», erinnert sich Martin Balke. Doch ganz so schnell will er die beiden Berliner nicht gehen lassen. Einen Fotoautomaten zu betreiben sei kein Kinderspiel, sagt Balke. Zuerst müssen Doenst und Kretschmann noch das richtige Handwerk lernen – und zwar von der Pike auf. Sechs Monate lang pendeln sie immer wieder zwischen Berlin und Zürich. In der Schweiz studieren sie in der Werkstatt der erfahrenen Balke-Brüder jeden einzelnen Arbeitsschritt bis ins Detail. Die Handhabung des empfindlichen Fotopapiers, das Auswechseln der Chemikalien sowie das Ein- und Ausbauen von Ersatzteilen. Denn da die Automaten schon lange nicht mehr produziert werden, kann man bei einem Schaden nur noch alte, nicht mehr funktionstüchtige Fotokisten ausschlachten.

2004 ist es dann endlich so weit: Asger Doenst und Ole Kretschmann stellen den ersten Berliner Retrofotoautomaten am Rosenthaler Platz in Mitte auf. Dort steht er sogar heute noch. Es ist der Beginn einer kultigen Erfolgsgeschichte, eines Berliner Comebacks. Denn es bleibt längst nicht bei einem Exemplar, in den folgenden Monaten und Jahren verteilen die beiden Quereinsteiger immer mehr Automaten in der Stadt. Der Erfolg des ersten Automaten bestätigt sie. Die Berliner und vor allem die Berlin-Besucher lieben die Geräte. Doenst und Kretschmann müssen für Nachschub sorgen. Zuerst werden sie noch in der Schweiz fündig, bald dehnen sie ihre Suche auf ganz Europa aus.

Doch selten sind die alten Kisten sofort einsatzbereit. Manchmal entstehe aus fünf alten Geräten ein neues, erzählen die beiden. In der Werkstatt in Mitte werden die Kisten zusammengeschraubt und anschließend irgendwo in Berlin aufgestellt. Inzwischen sind es hier schon mehr als zwanzig. Aber auch andere deutsche Städte haben sie beliefert – und die Nachfrage wächst weiter. Mittlerweile stehen in einem großen Lager im Ostberliner Bezirk Lichtenberg viele Automaten, die bereit sind für den Abtransport.

Und dass die alten Kisten noch eine Weile durchhalten, dafür stehen die Chancen gar nicht schlecht. «Das Erstaunliche ist, dass die Geräte damals gebaut wurden, um hundert Jahre zu halten. Über fünfzig haben sie schon auf dem Buckel, und wir wollen sie noch mindestens weitere vierzig Jahre betreiben», erklärt Ole Kretschmann. Er und Asger Doenst sind durch die Automaten zwar nicht stinkreich geworden, aber sie können bis heute gut davon leben.

Martin Balke, der Fotoautomatenpionier aus der Schweiz, hätte sich sein Erbe sicher nicht in besseren Händen vorstellen können.

Tierische Dienste für das Vaterland

I n Berlin wird an fast jeder Ecke an vergangene Zeiten erinnert. Ein Bezirk fällt dabei besonders auf: Spandau, der westlichste Stadtteil Berlins. Mehr als hundert Ehren-, Mahn- und Denkmäler verzeichnet die Bezirksverwaltung. Jahrhundertelang war Spandau eines der militärischen Zentren Preußens, und das nicht nur wegen der Zitadelle, einer Renaissancefestung, die heute besonders bei Fans von Freiluftkonzerten beliebt ist. Zur Zeit des Kaiserreichs befanden sich hier zentrale Einrichtungen und Ausbildungsstätten des Militärs, im Zweiten Weltkrieg wurde der Bezirk ein wichtiger Standort der Rüstungsindustrie, und in den Jahren der Teilung landeten die Flieger der Westmächte auf dem Militärflughafen in Spandau. Kein Wunder also, dass die meisten der Spandauer Denkmäler an die Opfer vergangener Kriege erinnern. Eines davon mutet auf den ersten Blick allerdings ziemlich skurril an: ein Ehrendenkmal für Brieftauben.

Zu finden ist das in Deutschland einmalige Denkmal auf der Falkenseer Chaussee an der westlichen Spandauer Stadtgrenze. Ein Natursteinblock, insgesamt fast vier Meter hoch, auf dem zehn fliegende Tauben aus Bronze montiert sind. Die Zeit hat bereits ihre Spuren daran hinterlassen. Der Stein ist verwittert und die Inschrift nur noch aus nächster Nähe zu entziffern: «Unseren Brieftauben».

Dieser Gedenkstein steht dort seit fünfzig Jahren. Einige Spandauer, darunter zahlreiche Taubenzüchter, setzen sich zu Beginn der sechziger Jahre gemeinsam dafür ein. Das Bezirksamt unterstützt das Vorhaben, sodass 1963 das vom Berliner Bildhauer Paul Brandenburg geschaffene Denkmal aufgestellt und eingeweiht wird. Doch womit haben sich die Vögel ein eigenes Denkmal verdient?

Seit 2011 kümmert sich der Verein der ehemaligen königlich-britischen Wachpolizeieinheit in Berlin um die Pflege dieses ungewöhnlichen Gedenkortes. Die Mitglieder räumen den Müll weg, der sich um das Denkmal herum ansammelt, und entfernen Schmierereien auf dem Stein. Einer von ihnen ist Ronald Zellmer, Vorstandsmitglied des Vereins. Die Frage, ob Brieftauben bei der britischen Wachpolizei eine Rolle gespielt haben, muss Zellmer verneinen. Während der Teilung Berlins war seine Einheit für den Schutz der königlichen Familie zuständig, wenn sie die Stadt besuchte. Die Sache mit dem Brieftaubendenkmal sei erst lange nach der Auflösung der Wachpolizei zu Beginn der neunziger Jahre zu ihnen gekommen. «Wir vom Verein hatten einfach noch Kapazitäten, um dieses Andenken mitzupflegen», sagt der ehemalige Wachpolizist. Ihnen sei vor allem wichtig, dass das Denkmal nicht das gleiche Schicksal wie sein Vorläufer erleide, denn der sei im Zweiten Weltkrieg schlicht abgetragen worden. «Kurz nachdem es überhaupt aufgestellt wurde», fügt Zellmer hinzu. Doch der Ursprung dieses ersten Brieftaubenehrendenkmals reiche bis in den Ersten Weltkrieg zurück.

«Damals konnten Brieftauben an der Front eine Schlacht

entscheiden», sagt Rainer Poeppinghege. Er ist Historiker an der Universität Paderborn und Experte für den Einsatz von Tieren im Krieg. Während des Ersten Weltkrieges setzen fast alle Armeen auf Brieftauben, allein beim deutschen Militär seien es insgesamt mehr als 120 000 Tiere gewesen.

«Eigentlich waren die Brieftauben damals fast schon out», so Poeppinghege. Es habe nämlich bereits die Möglichkeit gegeben, über Drahtverbindungen zu kommunizieren, per Morsezeichen zum Beispiel. Aber gerade während der Schlacht, vor allem bei Artilleriebeschuss, sei diese Technik noch sehr störanfällig gewesen. Auch optische Übertragungstechniken wie Lichtsignale hätten damals bei schlechtem Wetter oder Munitionsqualm einfach nicht zuverlässig genug funktioniert.

Ganz anders sah es bei den gefiederten Soldaten aus, den Brieftauben. Massenweise werden sie damals an die Front gebracht. Der oft tagelange Transport in Flugzeugen, Lastwagen und Panzern scheint ihnen kaum etwas auszumachen. Tauben gelten als besonders zähe Vögel – nahezu perfekt geeignet für Extremsituationen. Sie fliegen durch Kugelhagel und trotzen den widrigsten Wetterbedingungen.

Ein weiterer Vorteil der tierischen Kriegsboten: Das besonders tückische und für den Menschen tödliche Giftgas, das in diesem Krieg zum ersten Mal eingesetzt wird, scheint ihnen nichts anzuhaben – solange sie in der Luft sind. Befinden sich die Vögel allerdings am Boden, müssen sie in speziellen Kästen aufbewahrt werden, durch die nur gefilterte Luft gelangt. Die fliegenden Boten überbringen der Heeresleitung Tausende Nachrichten von der Front. Darin wird über die Situation auf dem Schlachtfeld und die Truppenstärke der Gegner berichtet; Lagepläne und Skizzen – mikrofotografisch verkleinert und verschlüsselt – ergän-

Nicht nur als Boten, auch als Kriegsfotografen leisteten
Brieftauben wertvolle Dienste im Ersten Weltkrieg.

zen das Bild. Nicht selten kommen die Vögel völlig zerzaust, verletzt und erschöpft im Taubenschlag ihres Ziels an. Doch die Nachricht ist immer dabei, in einer kleinen Kapsel, befestigt am Fußgelenk.

«Auf deutscher Seite sind die Kriegsverdienste der Brieftauben eher wenig dokumentiert», sagt Historiker Poeppinghege, dafür könnten die Franzosen und Amerikaner mit einigen Heldengeschichten aufwarten. Sie würdigen besonders mutige Brieftauben mit Tapferkeitsmedaillen. Und manchen von ihnen kommt darüber hinaus eine besondere Ehrung zuteil: Sie werden nach ihrem Ableben ausgestopft und auf Wanderausstellungen präsentiert.

Cher Ami heißt eine der bekanntesten Heeresbrieftauben der US-Army im Ersten Weltkrieg. Neben vielen anderen Ehrungen wurde sie auch mit dem französischen Kriegsorden Croix de Guerre ausgezeichnet. Die Taube ist das einzige Tier, dem diese Auszeichnung jemals verliehen wurde. Cher Ami fliegt im Jahr 1918 insgesamt zwölfmal über das Schlachtfeld im französischen Verdun und überbringt der amerikanischen Kommandozentrale Berichte von der Front. Bei ihrem letzten Einsatz wird sie von einem Schuss getroffen. Schwerverletzt erreicht sie dennoch ihr Ziel und rettet damit fast zweihundert amerikanischen Soldaten das Leben. Denn die Nachricht, die sie überbringt, beinhaltet den Hilferuf einer US-Einheit, die hinter die feindlichen Linien geraten ist. Die Soldaten können gerettet werden – für Cher Ami aber kommt jede Hilfe zu spät. Die Verletzung durch den Brustschuss ist tief, und die Taube stirbt kurz nach ihrer Rückkehr.

Bis heute kann ihr präparierter und ausgestopfter Körper in Washington im National Museum of American History besichtigt werden. Dort steht sie übrigens neben Sergeant Stubby, dem einzigen Hund, dem jemals der militärische Grad eines Unteroffiziers verliehen wurde.

Das Schicksal von Cher Ami teilen viele Brieftauben im Ersten Weltkrieg. Tauben sind zwar zähe Tiere, aber keine Superhelden. Viele Vögel erreichen ihr Ziel erst gar nicht. Sie werden abgeschossen, geraten in Explosionen oder sterben an Erschöpfung. Wie viele es sind, kann heute nicht mehr rekonstruiert werden, man muss aber von einem Großteil der eingesetzten Tiere ausgehen. Weil der Bedarf an Tieren im Krieg so riesig ist, müssen in Deutschland auch private Züchter ihre Brieftauben dem Militär überlassen.

Nach Kriegsende 1918 sind deshalb vor allem sie es, die

sich für ein Denkmal einsetzen. Es soll an die unzähligen gefiederten Kameraden erinnern, die in den Tod geflogen sind. Kein Platz in Berlin ist dafür aufgrund seiner Geschichte passender als Spandau. Denn dort befindet sich damals nicht nur das militärische Zentrum Deutschlands, sondern ab 1900 auch die Lehr-, Zucht- und Versuchsanstalt für Heeresbrieftauben. 1939 ist es dann endlich so weit: Die tierischen Helden der Lüfte erhalten ihr verdientes Denkmal.

Doch offensichtlich bedeutet den Nazis die Leistung der Brieftauben nicht viel. Sie sehen in den bronzenen Vögeln kurze Zeit später nur verwertbares Kriegsmaterial und schmelzen sie bereits drei Jahre nach ihrer Anfertigung wieder ein. Das Material wird gebraucht, um Munition für die Front herzustellen. Ein tragischeres Ende konnte das erste Brieftaubendenkmal nun wirklich nicht finden. Doch dank der Spandauer Bürgerinitiative, gut zwanzig Jahre später, erinnert bis heute ein zweites Denkmal an die gefiederten Soldaten.

Endstation Pjöngjang

O hne sie würde in der deutschen Hauptstadt gar nichts laufen: die Berliner U-Bahn. Täglich transportiert sie eine Million Fahrgäste kreuz und quer durch die Metropole. Und das schon seit Beginn des vergangenen Jahrhunderts. Sogar als Berlin geteilt war, fuhren die U-Bahnen aus dem Westen durch den Ostteil der Stadt – auf bewachten Strecken und durch abgesperrte Geisterbahnhöfe. Mit 173 Bahnhöfen und zehn Linien ist das Berliner U-Bahn-Netz das größte Deutschlands. Längst sind die gelb leuchtenden Waggons zu einem echten Berliner Wahrzeichen geworden. Besonders dort, wo sie auf ihren mehr als hundert Jahre alten Hochbahntrassen über die Straßen der Stadt hinwegrattern.

Doch auch Tausende Kilometer weiter östlich sind Berliner U-Bahnen im Einsatz. Und das in einer Stadt, von der die wenigsten wissen, dass dort überhaupt eine U-Bahn existiert. Denn Informationen von diesem Ort dringen kaum nach außen. Es ist Pjöngjang, die Hauptstadt von Nordkorea, dem am stärksten abgeschotteten und isolierten Land der Erde.

Seit mehr als sechs Jahrzehnten verläuft eine Grenze

zwischen dem südlichen und dem nördlichen Teil des asia-
tischen Landes. Ein Ergebnis des Koreakrieges Anfang der
fünfziger Jahre, in dem der Süden von den Amerikanern und
der Norden von den Chinesen unterstützt wurde. Während
sich Südkorea in den vergangenen Jahrzehnten mit Hilfe
der Westmächte zu einer marktwirtschaftlichen Demokratie
entwickelt hat, herrscht in Nordkorea immer noch das auto-
ritäre Regime der kommunistischen Partei um die Diktato-
renfamilie Kim. Grobe Menschenrechtsverletzungen sind im
Norden an der Tagesordnung, und die Bevölkerung verarmt
immer mehr. Bizarr muten die Fotos und Filmaufnahmen
an, die zu uns vordringen. Massenveranstaltungen, bei denen Zehntausende Menschen in Tränen ausbrechen, weil sie
gerade erfahren haben, dass der «Oberste Führer» gestorben
ist. Straßen, auf denen kaum Autos fahren, aber Verkehrs-
polizistinnen mitten auf der Kreuzung merkwürdige Tänze
aufführen, gespenstisch leere Hotels und Restaurants, in
denen nur ein einzelner ausländischer Gast bedient wird.

Der Berliner Journalist Christoph Moeskes hat solche
Szenen selbst erlebt. Als einer von ganz wenigen westlichen
Journalisten konnte er das Land bereits mehrere Male besuchen, um Interviews mit nordkoreanischen Künstlern
und Galeristen zu führen. Ein Thema, mit dem man bei
den Behörden offensichtlich als weniger verdächtig einge-
stuft wird, was die Einreise ins Land erleichtert. Bei einem
dieser Besuche erlebte Moeskes auch die ungewöhnlichste
U-Bahn-Fahrt seines Lebens.

Natürlich sei U-Bahn-Fahren in fremden Städten immer
irgendwie spannend, meint Moeskes, aber in Pjöngjang sei
es ein ganz besonderes Erlebnis. Denn nur wenig ist bekannt über das einzige nordkoreanische U-Bahn-Netz, das
1973 eingeweiht worden sein soll. Gerade mal zwei Linien

fahren durch die Stadt, in der schätzungsweise immerhin gut zweieinhalb Millionen Menschen leben. Die Haltestellen liegen bis zu hundert Meter unter der Straße und zählen damit zu den tiefsten der Welt. Im Angriffsfall sollen sie auch als Luftschutzbunker dienen.

Aber einfach einsteigen und losfahren wie sonst überall auf der Welt, das geht hier nicht. Als Ausländer bekommt man die Erlaubnis zu einer U-Bahn-Fahrt fast ebenso selten wie die, überhaupt ins Land einzureisen. «Nur zwei der insgesamt sechzehn Haltestellen sind für Touristen überhaupt zugänglich», erklärt Nordkorea-Experte Moeskes. Um einen Bahnhof betreten zu dürfen, brauche es zudem eine offizielle Genehmigung, die man aufwendig beantragen müsse. Erst dann darf der Besucher auf der langen Rolltreppe in den Untergrund fahren.

Als der Berliner Journalist endlich am Bahnsteig steht, staunt er nicht schlecht. Obwohl er weit von seiner Heimat entfernt ist, hat er für den Bruchteil einer Sekunde das Gefühl, er sei in Berlin. Denn vor seinen Augen fährt ein vertrauter Zug in die Haltestelle ein. Zwar fehlen alle bekannten Logos und Beschriftungen, aber das Modell erinnert ihn stark an die Waggons, die er aus Berlin kennt. Oder handelt es sich vielleicht um eine raffinierte Kopie? Die offizielle nordkoreanische Version lautet, die U-Bahn sei eine Eigenproduktion, und sämtliche Züge würden ausschließlich in einheimischen Fabriken von nordkoreanischen Arbeitern hergestellt. Christoph Moeskes aber bleibt die Fahrt über skeptisch. «Ich habe leichte Beklemmung gefühlt, als ich in dieser Bahn saß», erzählt er. «Aus den Lautsprechern tönte Revolutionsmusik, während der Fahrt sprach niemand ein Wort, und nach nur etwa zwei bis drei Minuten war sie auch schon wieder vorbei, und ich wurde aufgefordert aus-

Innenansicht einer nordkoreanischen U-Bahn:
Bis auf die Fotos der verehrten Staatenlenker
wurde nicht viel an den Berliner Zügen verändert.

zusteigen.» Tatsächlich ranken sich viele Gerüchte um die U-Bahn in Nordkorea, zum Beispiel, dass die Fahrgäste nur Schauspieler seien, die den ausländischen Gästen ein funktionierendes U-Bahn-System vorspielen sollen.

Die kurze Fahrtzeit reicht Moeskes, um genug Belege für seinen Verdacht zu sammeln. «Auf den ersten Blick deutet bis auf die Bauart wenig auf einen deutschen Ursprung hin», so Moeskes. Doch wer genauer hinschaue, könne entdecken, dass nicht alle Spuren besonders sorgfältig beseitigt worden seien. «An manchen Stellen konnte ich gut die Überreste der BVG-Beschriftung erkennen», erzählt der Berliner. Auch die Form der Sitze kommt ihm sehr vertraut vor.

Ein Indiz jedoch lässt jeden Zweifel verblassen: markante «Scratches» an den Fensterscheiben und Plastiksitzen. Eine unschöne Variante der Graffiti-Kunst, bei der mit Glasscherben, Steinen oder sogar mit ätzender Flusssäure sogenannte «Tags», Signaturkürzel des Urhebers, auf Glas-, Kunststoff- oder Holzoberflächen gekratzt werden. Und solch illegale Street Art kann sich Moeskes im totalitären Überwachungsstaat Nordkorea überhaupt nicht vorstellen. Zumal ja auch die U-Bahn streng kontrolliert und bewacht wird. «Ich kann es bestätigen, Berliner U-Bahn-Züge fahren in Pjöngjang», sagt Moeskes entschieden. Aber wie kommen die Berliner U-Bahnen in das achttausend Kilometer weit entfernte kommunistische Land, das Kontakt zu westlichen Staaten weitgehend vermeidet?

Da es sich, laut den Augenzeugenberichten, um sehr alte Züge handelt, kann man vermuten, dass auch der deutsch-koreanische U-Bahn-Deal einige Jahre, vielleicht sogar Jahrzehnte, zurückliegt. Immerhin gab es zwischen der sozialistischen DDR und dem nordkoreanischen Bruderstaat nicht nur diplomatische, sondern auch wirtschaftliche Beziehungen.

«Es handelt sich um ehemalige DDR-Züge», bestätigt der Nahverkehrsexperte und Redakteur der «Verkehrsgeschichtlichen Blätter Berlins», Jürgen Meyer-Kronthaler. Aber die seien nicht zu Ostzeiten verkauft worden, sondern erst nach der Wende. Tatsächlich berichtet der «Tagesspiegel» im Jahr 1998: «BVG verkauft erneut U-Bahn-Züge an Nordkorea. Noch im Dezember sollen die ersten dreißig Doppeltriebwagen zum Verschiffen nach Wismar gebracht werden.»

Von offizieller BVG-Seite kann heute niemand mehr Fragen zu dem damaligen Deal beantworten. Dafür aber die Experten vom Fachblatt für den Berliner Nahverkehr. Soweit es ihnen möglich war, haben die Hobbyhistoriker damals die deutsch-koreanischen Geschäfte dokumentiert. Sie wissen genau, welche Züge wann nach Nordkorea verkauft wurden. So sollen bereits zwei Jahre vor Erscheinen des Zeitungsartikels Wagen des DDR-Zugtyps GI, auch «Gisela» genannt, an die nordkoreanische Führung verkauft worden sein. Dabei handelt es sich um bereits ausrangierte Bahnen aus den siebziger und achtziger Jahren. Sie gelten als veraltet und störanfällig und landen deshalb auf dem Abstellgleis, wo sie das gleiche Schicksal ereilt wie alle unter freiem Himmel lagernden Züge: Graffiti-Sprayer verzieren sie über und über mit ihren Bildern und Schriftzeichen.

Doch Mitte der neunziger Jahre fragt ein in Nordkorea lebender Deutscher bei der BVG an, ob er nicht im Auftrag der nordkoreanischen Führung einige dieser Züge kaufen könnte. Da Verkaufen allemal lukrativer als Verschrotten ist, willigt die BVG ein. Hundertzwanzig Wagen für dreißigtausend D-Mark das Stück werden an die Nordkoreaner verkauft. Ein Schnäppchen für die Asiaten, denn statt vier Millionen Mark für einen einzelnen neuen Zug zu zahlen, erhalten sie nun eine komplette Flotte für nur 3,5 Millionen Mark.

Die Nordkoreaner scheinen mit dem Geschäft zufrieden zu sein, denn 1998 bestellen sie noch einmal nach. Doch «Gisela» ist mittlerweile ausverkauft. Glücklicherweise hat die BVG aber noch Waggons des Westberliner Modells «Dora» auf Lager. Es ist zwanzig Jahre älter als «Gisela», zwar immer noch funktionsfähig, aber ähnlich zugerichtet wie die erste Lieferung. «Die waren so beschmiert, und trotzdem haben sie die genommen», erzählt Meyer-Kronthaler, immer noch etwas ungläubig. Mit Tiefladern habe man die Züge nach Wismar transportiert und von dort über die Nordpolarroute nach Pjöngjang verschifft. In Nordkorea angekommen, müssen sie komplett umlackiert worden sein. Auf den wenigen bekannten Fotos sind weiße Züge mit roten Beschriftungen zu sehen – nichts durfte an die Herkunft aus dem kapitalistischen Westen erinnern.

Heute fahren diese Züge immer noch auf den U-Bahn-Gleisen in Pjöngjang. Eine Sache bleibt aber weiterhin mysteriös: Warum brauchen die Nordkoreaner eigentlich weit mehr als dreihundert Wagen aus Deutschland für ihre zwei kurzen Linien?

Goebbels gegen Monopoly?

Die Schlossallee in Pankow ist die edelste und teuerste Straße Berlins. Noch nie davon gehört? Stimmt natürlich auch nicht. Sie liegt nicht einmal in der Nähe einer überdurchschnittlich teuren Wohngegend. Trotzdem ist für viele Menschen die «Schlossallee» der Inbegriff der gehobenen Wohngegend, aber einzig und allein, weil sie ihren Namen von der deutschen Version des weltbekannten Gesellschaftsspiels Monopoly kennen. Bekanntermaßen geht es bei Monopoly darum, die nach Straßen benannten Spielfelder zu erwerben, zu «bebauen» und dafür Mieten von seinen Mitspielern zu kassieren. Wer sich darin am geschicktesten anstellt, gewinnt das Spiel.

Dieses Grundprinzip ist in allen Ländern gleich. Doch die einzelnen Felder sind immer nach eigenen Straßen benannt, die in der Regel in der jeweiligen Hauptstadt zu finden sind. So heißt die teuerste Straße im französischen Monopoly nach der Rue de la Paix, die bekannt ist für die höchste Juwelierdichte in Paris. Und in Großbritannien muss besonders tief in die Tasche greifen, wer auf dem Feld namens Mayfair landet, die attraktivste Wohngegend Londons mit Immobilienpreisen in mehrstelliger Millionenhöhe.

Demnach müsste die Schlossallee in Pankow eigentlich die exklusivste Straße Berlins sein. Doch das ist sie wahrlich nicht. Die Berliner Schlossallee liegt weit außerhalb des Innenstadtrings, nicht weit entfernt von der Autobahnauffahrt Richtung Hamburg. Nicht gerade bekannt für eine besonders hohe Villendichte. Vielmehr ein ganz normales mittelklassiges Berliner Wohnviertel mit mehrstöckigen Miets- und kleinen Einfamilienhäusern, die sich hinter dichtbewachsenen Hecken verbergen. Soll das wirklich das Vorbild der Schlossallee auf dem deutschen Monopoly-Spielfeld sein?

Natürlich nicht, ist die Antwort auf der deutschen Internetseite des amerikanischen Spielwarenherstellers Hasbro. Tatsächlich ist Deutschland das einzige Land, in dem die Monopoly-Straßennamen vollständig fiktiv sind, sich also nicht an den Straßen einer realexistierenden Stadt orientieren. Eine Goethestraße gibt es vermutlich in jeder zweiten Kleinstadt, den Opernplatz überall dort, wo auch ein Opernhaus steht, und Bad- und Turmstraße sind so unspektakuläre Straßennamen, dass sie erst recht keiner bestimmten Stadt zugeordnet werden können. Zwar gibt es mittlerweile Sondereditionen einzelner Städte, darunter auch eine Berliner Version. Aber warum finden sich auf der deutschen Standardversion, die wohl in den meisten deutschen Haushalten zu finden ist, keine realen Straßennamen der Hauptstadt?

Werfen wir einen Blick auf den Anfang der Erfolgsgeschichte von Monopoly. Am 31. Dezember 1935 meldet der amerikanische Spielehersteller Parker Brothers das Patent Nummer 2026082 an. Ein Spiel, das dem Unternehmen beinah durch die Lappen gegangen wäre. Denn als der Erfinder Charles Brace Darrow, ein in der Wirtschaftskrise arbeitslos gewordener Heizungsbauingenieur aus Pennsylvania, sein aus Pappe und Holzabfällen gebasteltes Brettspiel einige Jahre zuvor vorstellt, lehnen es die Spieleexperten von Parker Brothers ab. Die Spieldauer sei zu lang, wird die Abfuhr begründet.

Doch Darrow verkauft seine handgefertigten Modelle daraufhin einfach in Eigenregie. Das läuft so gut, dass der Spielehersteller seine Entscheidung schnell bereut und dem ehemaligen Heizungsbauer die Rechte teuer abkauft. Auf der allerersten Version, die Darrow zu Hause am Küchentisch entworfen hatte, stehen Straßennamen aus Atlantic City. Rund zweihundert Kilometer südlich von New York gelegen, ist die Stadt zu Beginn der 1930er Jahre mit ihren vielen Freizeitparks und der schönen Strandpromenade für viele Amerikaner ein beliebtes Urlaubsziel.

Das kapitalistischste aller Spiele wird entgegen dem Zeitgeist ein Megahit. In den Krisenjahren ist es das meistverkaufte Brettspiel in den USA. Jeder kann plötzlich steinreich werden, Häuser und Hotels kaufen und zum mächtigsten Mann oder zur reichsten Frau der Stadt aufsteigen – auch wenn es nur für ein paar Stunden ist. Nach dem Riesenerfolg auf dem amerikanischen Markt soll Monopoly nun auch Europa erobern.

Noch bevor das Spiel nach Deutschland gelangt, berichtet beispielsweise die «Grüne Post» über Monopoly: «Alle Welt spielt Monopoly, Kinder und Greise, Männer und Frauen. Es wird in New York und in Kalifornien gespielt, von Arbeitern und Millionären (soweit sie Zeit zum Spielen haben). Monopoly ist mehr als ein Gesellschaftsspiel, es ist eine ansteckende Krankheit, eine Seuche geworden. Die Firma, die dieses Spiel herstellt, arbeitet seit sechs Monaten mit drei Achtstundenschichten und kann trotzdem die Bestellungen nicht alle erledigen.»

Der amerikanische Erfolg weckt auch das Interesse des Spieleproduzenten Franz Schmidt, Sohn des «Mensch-är-gere-Dich-nicht»-Erfinders Josef Friedrich Schmidt. Er erwirbt die deutsche Monopoly-Lizenz und beginnt ab 1937 zu produzieren. Aber nicht nach Vorlage des Originals mit den Straßen von Atlantic City, sondern eine eigene Version. Für Franz Schmidt kommt dafür nur eine Stadt in Frage: Berlin – mit all seinen legendären Straßen und Plätzen, die damals schon deutschlandweit bekannt sind, Alexanderplatz, Potsdamer Bahnhof oder Unter den Linden. Auch die Invalidenstraße, die Oranienstraße und die Belle-Alliance-Straße, die heute Mehringdamm heißt, kommen auf das Brett. Für die teuersten Straßen auf den edlen königsblauen Feldern gibt es zwei klare Favoriten: der Grunewald und die Insel Schwanenwerder, eine Halbinsel an der Mündung der Havel im Großen Wannsee. Es sind damals die mondänsten und vor allem teuersten Villengegenden Berlins.

Den Recherchen von Spieleexperten der Fachzeitschrift «Spielebox» zufolge taucht die deutsche Monopoly-Ausgabe erstmals im Jahr 1938 im Katalog der Nürnberger Spielwarenmesse auf. Doch nur ein Jahr später ist sie schon wieder verschwunden. Erst 1953, der Krieg ist längst vorbei, findet sich wieder eine deutsche Monopoly-Ausgabe. Aber die Straßennamen, die nun auf dem Spielbrett aufgedruckt sind, haben nichts mehr mit ihren klingenden Vorläufern zu tun. Eine Parkstraße ersetzt plötzlich den Berliner Grunewald, eine Schlossallee die Insel Schwanenwerder. Deutsche Allerweltsstraßennamen statt Berliner Flair. Wieso wurde die Berliner Vorlage nach dem Krieg nicht einfach wieder aufgelegt?

Statt konkreten Spuren wimmelt es von Gerüchten und Legenden. Weil das Spiel kurz vor Ausbruch des Zweiten

Weltkrieges verschwindet, liegt der Verdacht nahe, dass die Nazis wortwörtlich ihre Finger im Spiel hatten. So wird gemunkelt, dass es hohen Funktionären der Hitlerjugend wegen seines «jüdisch-spekulativen Charakters» überhaupt nicht gefallen habe. Franz Schmidt soll sogar schriftlich dazu aufgefordert worden sein, die Produktion unverzüglich einzustellen. Doch der Brief – wenn es ihn denn wirklich gegeben hat – existiert nicht mehr.

Eine noch spektakulärere These stellt der ehemalige Berliner Polizeipräsident Georg Schertz auf. Er ist auf der Insel Schwanenwerder geboren und hat dort sein ganzes Leben verbracht. Zur Zeit des Nationalsozialismus – Georg Schertz ist noch ein kleiner Junge – bekommt seine Familie einen berühmt-berüchtigten Nachbarn: Reichspropagandaminister Joseph Goebbels mit Frau und Kindern. Der kleine Georg geht sogar mit Goebbels' Sohn Helmut in die gleiche Klasse. Bei den Berlinern ist die Insel Schwanenwerder zu dieser Zeit schon lange als Wohnort der Eliten bekannt und verpönt. Villa an Villa wohnen hier Bankdirektoren, Fabrikbesitzer und Politiker.

Viele von ihnen sind Juden, wie die Familien von Kaufhausbesitzer Berthold Israel und Bankier Arthur Salomonsohn. Doch mit der Machtergreifung der Nationalsozialisten sind sie gezwungen, ihre Grundstücke und Häuser zu verkaufen, meist weit unter ihrem eigentlichen Wert. Davon profitiert neben dem Naziarchitekten Albert Speer im Jahr 1936 auch die Familie Goebbels.

Wenig später kommt das amerikanische Erfolgsspiel auf den Markt, und Schwanenwerder droht auch außerhalb von Berlin als Wohnort der privilegierten Bonzen bekannt zu werden. «Das hat ihn sehr geärgert, dass sein neuer Wohnort auf diesem Spielbrett erschien», erzählt Georg Schertz.

Sein Domizil als Spekulationsobjekt auf einem Spielbrett –
eine Beleidigung für den Reichspropagandaminister, so sein
ehemaliger Nachbar. Die Macht, das Spiel auf der Stelle ver-
bieten zu lassen, hätte Goebbels mit Sicherheit gehabt.

Doch die Geschichte hat einen Haken: Georg Schertz war
zwar ein Nachbar der Familie Goebbels, aber als das Spiel
erschien, war er gerade einmal drei Jahre alt. Vom Ärger des
Ministers über das Monopoly-Spielbrett hat er, wie er sagt,
erst nach dem Krieg gehört. Und in Goebbels' akribisch ge-
führten Tagebüchern ist laut dem Institut für Zeitgeschich-
te, das die Bände genauestens untersucht hat, ebenfalls
nirgendwo die Rede von Monopoly, geschweige denn von
einem Verbot. Ob es also wirklich zum Duell Goebbels gegen
Monopoly kam, bleibt mehr als fraglich.

«Die Nazifährte ist eine Sackgasse», sagt auch Roland Klose. Er ist einer von wenigen deutschen Monopoly-Experten.
Seit Jahrzehnten sammelt der Oldenburger in seiner Wohnung Monopoly-Versionen aus der ganzen Welt. Natürlich
ist darunter auch ein Berliner Originalmodell. Das plötzliche
Verschwinden des Spiels aus dem Katalog der Händler erklärt Klose ganz einfach: «Es war ein Flop.» Laut Kloses
Recherchen lässt der Spielehersteller Schmidt 1938 zwar
fünftausend Stück produzieren, doch sie werden schon im
Erscheinungsjahr zum Ladenhüter. Und als 1939 der Krieg
ausbricht, wird die Produktion einfach eingestellt. «Damit
endet auch die Geschichte der ersten deutschen Monopoly-
Version», sagt der Spieleexperte. Doch bleibt weiterhin offen, warum in der neuen Version, vierzehn Jahre später, die
Berliner Straßennamen plötzlich verschwunden sind.

1953 wagt Schmidt Spiele einen zweiten Versuch mit Monopoly. In Zeiten des Wirtschaftsaufschwungs hofft man
mit dem Finanzspiel auf mehr Anklang in der Bevölkerung.

Doch die politische Situation stellt die Hersteller vor ein Problem. Deutschland ist zum Zentrum des Kalten Krieges geworden. Und mittendrin liegt Berlin, die geteilte deutsche Hauptstadt.

Der Glamoureffekt für ein Spiel über Luxusimmobilien und Reichtümer ist damit dahin: Berlin assoziiert man fortan mit Grenzübergängen, Panzern und Soldaten. Provisorischer Regierungssitz der Bundesrepublik ist Bonn. Ein kleines Städtchen am Rhein, den meisten Deutschen nur bekannt, weil Bundeskanzler Konrad Adenauer ganz in der Nähe geboren und aufgewachsen ist. Auch Frankfurt am Main, das ebenfalls als neue deutsche Hauptstadt zur Debatte steht, ist keine glänzende Metropole.

So fällt der Brettspielfirma nur eine Lösung ein: fiktive Straßennamen ohne realen Bezug, die in jeder deutschen Stadt vorkommen könnten. Gedacht sind die Straßennamen zunächst nur als Platzhalter, denn die politische Situation könnte sich ja jederzeit ändern. Aber das geschieht bekanntermaßen in den nächsten vierzig Jahren nicht. Dafür wird Monopoly in Deutschland endlich ein Verkaufsschlager. Generationen von deutschen Spielern wachsen seitdem mit Turmstraße, Theaterstraße und Schlossallee auf.

Einige wenige Exemplare schaffen es sogar in den sozialistischen Osten Deutschlands. Über Umwege werden sie in die DDR geschmuggelt und gehütet wie kleine Schätze. Welche Bekanntheit der Name ihrer Straße in der Zwischenzeit erlangt hat, haben die meisten Bewohner der Schlossallee in Pankow aber vermutlich erst nach dem Fall der Mauer erfahren.

Die wahren Rundfunkpioniere

Auf diese Pioniergeschichte sind die Berliner ganz besonders stolz: die Ausstrahlung der ersten deutschen Rundfunksendung am 23. Oktober 1923 aus dem «Vox-Haus» in der Potsdamer Straße 4. Heute ragt hier der Neubau des Architekten Hans Kollhoff mehr als hundert Meter in den Himmel. Die fünfundzwanzig Stockwerke des Gebäudes erreichen die Besucher mit dem schnellsten Aufzug Europas. Damals aber stand an dieser Stelle ein mehrstöckiges Jugendstilhaus – der Firmensitz der Berliner Schallplattenfirma Vox. Das Rundfunkstudio befand sich ganz oben unter dem Dach. «Das war alles eher provisorisch», erzählt Rainer Steinführ vom Deutschen Rundfunk Archiv. Wie in einer Waschküche müsse es dort ausgesehen haben, denn das kleine Studio sei für einen besseren Klang mit Decken ausgekleidet worden. Hier hatten sich die Rundfunktechniker, Musiker und Sprecher der «Aktiengesellschaft Radiostunde Berlin» eingerichtet. Zwar existiert keine Originaltonaufnahme von damals, aber die ersten gesendeten Worte wurden von der «BZ am Mittag» genauestens transkribiert:

«Achtung! Achtung! Hier Sendestelle Berlin, Vox-Haus,

Drei Jahre nach der Pioniertat von Königs Wusterhausen:
1923 wird im «Vox-Haus» am Potsdamer Platz mit der ersten
offiziellen Unterhaltungssendung Radiogeschichte geschrieben.

Welle 400. Wir bringen die kurze Mitteilung, dass die Berliner Sendestelle Vox-Haus mit dem Unterhaltungsrundfunk
beginnt.» Im Anschluss gibt es ein Cello-Solo mit Klavier-
begleitung. Eine Stunde dauert die Radiosendung, die von
nun an täglich und natürlich immer live von 20 bis 21 Uhr
läuft. Der Schallplattenkonzern Vox stellt damals die Räume
zur Verfügung und ist maßgeblich an dem Sender beteiligt.
Als erstes Unternehmen überhaupt hat Vox von der Reichspost die Genehmigung erhalten, Programm zu senden, um
damit seine Schallplatten zu bewerben.

Anfangs ist die Hörerschaft jedoch sehr klein. Das Medium ist brandneu, und kaum ein Berliner kann sich die Anschaffung eines Radiogerätes und die Jahresgebühr leisten. 350 Milliarden Reichsmark beträgt sie nämlich aufgrund der dramatischen Geldentwertung im Jahr 1923 – einem der schwersten Krisenjahre in der Weimarer Republik. Eigentlich ein schlechter Zeitpunkt für einen Sendestart, doch trotzdem wird der Siegeszug des Radios bald nicht mehr aufzuhalten sein. Schon Ende des Jahres gibt es laut einem Artikel der Londoner «Times» über «tausend Optimisten», die die ersten deutschen Rundfunkprogramme hören, und weitere vier Jahre später sind es sogar fast zwei Millionen Radioabonnenten.

Doch so ganz die Allerersten sollen die Rundfunktechniker aus dem «Vox-Haus» am mondänen Potsdamer Platz nicht gewesen sein, die in Deutschland Unterhaltungsfunk gesendet haben. Seine eigentlichen Wurzeln habe der deutsche Rundfunk nämlich in der Provinz, vor den Toren Berlins, wie es immer wieder heißt. Wer waren also die ersten wahren Radiopioniere in Deutschland?

In Königs Wusterhausen, auf einem Hügel am Rande der Stadt, dem Funkerberg, steht zu dieser Zeit die einst wichtigste Militärfunkstation im Deutschen Reich. Gefunkt wird mittels Morsezeichen, die von den Lichtbogensendern über einen hundertfünfzig Meter hohen Sendemast an die Empfangsstationen geschickt werden. Bereits seit der Jahrhundertwende nutzt das Militär diese Technik im ganzen Land. Die Station auf dem ehemaligen Windmühlenberg in Königs Wusterhausen gibt es seit 1915. Doch bereits drei Jahre später wird das Funken zu militärischen Zwecken wieder verboten. Das gehört zu den Auflagen, die Deutschland nach dem verlorenen Krieg einhalten muss. Deshalb ist die Reichspost jetzt verantwortlich für den Funkverkehr im Land und übernimmt auch die Funkstation auf dem Hügel in Königs Wusterhausen. Statt Heeresberichten übermitteln die Funktechniker auf dem Funkerberg fortan zivile Nachrichten für die Börse, Banken und Zeitungen.

«Die ehemaligen Soldaten und Offiziere, die nun bei der Reichspost angestellt waren, interessierten sich auch in ihrer Freizeit immer mehr für die Funktechnik», erzählt Wolf-Dieter Säuberlich. Der Rentner betreibt mit seinem Verein ein kleines Museum in den alten Gebäuden auf dem Funkerberg. So beginnen die Funker, mit den elektromagnetischen Wellen zu experimentieren. Denn aus dem fernen Amerika ist mittlerweile bekannt, dass es möglich ist, Stimme und Musik per Funkwellen zu übertragen.

Dort war bereits im Jahr 1906 im Küstenstädtchen Brant Rock im Bundesstaat Massachusetts die erste Rundfunksendung der Welt ausgestrahlt worden. Der aus Kanada stammende Professor für Elektrotechnik Reginald Aubrey Fessenden hatte nach jahrelanger Tüftelei ein entsprechendes Gerät entwickelt. Das Programm dieser allerersten Sendung, die am Weihnachtsabend läuft, besteht aus einer Händel-Aufnahme, der Weihnachtsgeschichte und dem Geigenspiel und Gesang von Fessenden persönlich, der das Lied «Stille Nacht, heilige Nacht» zum Besten gibt.

Im Gegensatz zu den europäischen Regierungen ließen die US-Amerikaner der Hörfunkentwicklung seither freien Lauf. Sodass sich im ganzen Land immer mehr Radiosender, Funkstationen und Funkerclubs mit Sendeerlaubnis gründen.

Und genau das wollen die Funktechniker vom Funkerberg in Königs Wusterhausen auch schaffen. 1920 ist es endlich so weit. Monatelang hatten sie Mikrophone gebastelt, an der Sendemaschine geschraubt und den Raum präpariert, um den Schall zu dämmen.

Fast genau vierzehn Jahre nach der Weltpremiere in den USA trifft man sich in Königs Wusterhausen kurz vor Weihnachten in ihrem kleinen Studio auf dem Funkerberg. Einige der Techniker haben Musikinstrumente mitgebracht. So dringen schließlich am 22. Dezember 1920 folgende Sätze durch die Lautsprecher in die Öffentlichkeit: «Hallo, hier Königs Wusterhausen auf Welle 2700. Meine Damen und Herren, wir wollen ein kleines bescheidenes Weihnachtskonzert senden.»

Damit strahlen die Funktechniker von Königs Wusterhausen bereits drei Jahre vor den Pionieren des «Vox-Hauses» am Potsdamer Platz die erste Radiosendung Deutschlands aus. Leider bekommt hierzulande vom Weihnachtskonzert kaum jemand etwas mit. Nur die Kollegen, die sich gerade nicht im Studio befinden, sitzen vor ihren Geräten. Hinterher wird es noch einige Zuschriften von Hörern aus Luxemburg, Holland und England geben, sie gratulieren den Männern vom Funkerberg und bestätigen den Empfang ihrer Weihnachtsgrüße.

Noch bis 1926 gibt es regelmäßige Rundfunkkonzerte, die vom Funkerberg in die Welt gesendet werden. Heute erinnert ein Foto im kleinen Museum auf dem Funkerberg an die Tüftler und Bastler aus Königs Wusterhausen – den wahren Pionieren des deutschen Unterhaltungsrundfunks.

Der Boulevard aus dem Nirgendwo

E r ist der Star unter den Berliner Straßen. Zu-
gegeben, schon etwas in die Jahre gekommen
und nicht mehr ganz so glamourös wie einst,
aber immer noch weltbekannt. Die Rede ist vom Kurfürstendamm in Charlottenburg. Vom Berliner liebevoll als
Kudamm abgekürzt. Beeindruckend sind allein schon seine
Maße. Mit 53 Metern ist der Kurfürstendamm die breiteste
Einkaufsstraße Deutschlands. Und mit dreieinhalb Kilometern ist er der längste Boulevard Europas. Fast doppelt
so lang wie die Avenue des Champs-Élysées in Paris. Und
die war vor hundertdreißig Jahren immerhin das Vorbild für
den deutschen Boulevard.

Auf seinen 3500 Metern hat sich innerhalb eines Jahrhun-
derts viel deutsche Geschichte abgespielt. In den goldenen
Zwanzigern entsteht am Kurfürstendamm der erste Szene-
kiez Berlins. Eine Amüsier- und Flaniermeile von Weltrang.
Die US-Entertainerin und Tänzerin Josephine Baker sorgt
hier, im skandalträchtigen Bananenröckchen, für Furore.
Marlene Dietrich beginnt auf dem Kurfürstendamm ihre
Showkarriere, und 1963 lässt sich John F. Kennedy auf dem
Boulevard von den Westberlinern feiern, unterwegs zum

Schöneberger Rathaus, wo er seine Rede mit den berühmten Worten «Ich bin ein Berliner» halten wird. Zu diesem
Zeitpunkt ist der Kudamm längst zum Symbol des Wirt-
schaftswunders in der Bundesrepublik und zum Schaufens-
ter des Westens geworden. Kurz nach der Maueröffnung ist
er für viele Ostdeutsche eine der ersten Anlaufstellen. Fast
ein Vierteljahrhundert nach der Wiedervereinigung sind
die Geschäfte auf dem Kudamm immer noch beliebt und
vor allem erfolgreicher als je zuvor. 2012 setzen die Einzel-
händler hier und in der angrenzenden Tauentzienstraße
insgesamt 1,1 Milliarden Euro um. Das schaffen Alexanderplatz und Friedrichstraße, die beiden anderen Hauptein-
kaufsgegenden Berlins, gerade mal zusammen. Kein Zweifel, der Kudamm spielt, was Geschichte und Erfolg angeht,
in einer Liga mit der Fifth Avenue in New York, mit The Mall
in London oder der schon erwähnten Pariser Avenue des
Champs-Élysées.

Eine Straße von Weltrang, aber leider mit einem Schönheitsfehler – und der befindet sich gleich an ihrem Anfang.
Denn den gibt es gar nicht. Ein Haus mit der Adresse Kurfürstendamm 1 sucht man vergebens. Auch die Nummern 2,
3 und 4 bis hin zur Nummer 10 fehlen komplett. Der Prachtboulevard beginnt im Nirgendwo. Erst bei Hausnummer 11
wird der Suchende fündig. Ein Neubau direkt am Breitscheidplatz. Wie kann es sein, dass in einem Land, dessen
Bewohnern nachgesagt wird, es mit der Ordnung manchmal etwas zu genau zu nehmen, zehn Hausnummern einfach so unter den Tisch fallen? Und das auch noch auf einer
der bekanntesten Straßen der Republik? Was ist mit dem
Anfang des Kurfürstendamms passiert?

Werfen wir einen Blick auf den aktuellen Berliner Stadt-
plan. Darauf ist ganz deutlich zu erkennen, der Kudamm

beginnt an der südwestlichen Ecke des Breitscheidplatzes, gegenüber der Kaiser-Wilhelm-Gedächtniskirche. Alle anderen Straßen, die von diesem Platz abgehen, heißen anders. Der Kurfürstendamm muss also definitiv hier beginnen und wird nicht etwa nur unterbrochen. Solche Fälle gibt es durchaus in Berlin. Die Mauerstraße in Mitte beispielsweise verläuft zunächst gut vierhundert Meter geradeaus, bis sie am Zietenplatz endet. Zwei Ecken und gut hundertfünfzig Meter weiter taucht die Mauerstraße plötzlich wieder auf. Ein Umstand, der so manchen Autofahrer zur Verzweiflung treibt. Auf der Suche nach dem fehlende Stück Kurfürstendamm hilft das aber leider nicht weiter. Es scheint vom Erdboden verschluckt zu sein. Doch dafür müsste es zumindest mal existiert haben.

Gehen wir also zurück an den Anfang der fünfhundertjährigen Geschichte des Kudamms. Charlottenburg ist damals nicht mehr als ein trostloses Sumpfgebiet. Aber eines, das zufälligerweise zwischen dem Stadtschloss des Brandenburger Kurfürsten Joachim II. und dem Grunewald liegt, wo sich dessen Jagdschloss befindet. Und weil es sich so schwer durch den Sumpf reiten lässt, wird für die kurfürstlichen Pferde ein sogenannter Knüppeldamm errichtet – ein befestigter Reitweg aus nebeneinander aufgereihten Baumstämmen.

Über dreihundert Jahre später wird Berlin Hauptstadt des neugegründeten Deutschen Reiches. Damit sie sich in der Welt sehen lassen kann, ordnet Reichskanzler Otto von Bismarck den Bau einer Straße nach Vorbild des Pariser Prachtboulevards an. Doch es soll nicht nur eine gehobene Wohnstraße werden, wie es bereits viele in den westlichen Vororten Berlins gibt, es soll vielmehr ein «Hauptspazierweg für Wagen und Reiter» entstehen. Und da der «fiskalische

Besitz» in Charlottenburg dazu Gelegenheit biete, wie Bismarck 1883 in einem Brief an den Geheimen Kabinettrat des Kaisers schreibt, fällt die Wahl auf den Kurfürstendamm. Selbstverständlich darf auf der neuen Prunkstraße auch die modernste Fortbewegungstechnik nicht fehlen. So tuckert ab 1886 eine Dampfstraßenbahn über den Kudamm – das Jahr gilt heute als die offizielle Geburtsstunde des berühmtesten deutschen Boulevards.

Auf Stadtplänen dieser Zeit ist der Kudamm natürlich eingetragen. Doch dort beginnt er im Gegensatz zu heute bereits am Landwehrkanal. Von hier verläuft er schnurstracks über den Breitscheidplatz, der damals noch Auguste-Viktoria-Platz heißt, und endet ebenso wie der heutige Kurfürstendamm am Rande des Grunewalds. Damit ist er gut achthundert Meter länger als heute. Was ist seither mit diesen achthundert Metern Straße passiert?

Wenn heute irgendwo etwas fehlt in Berlin, was früher einmal «genau dort» war, dann ist in vielen Fällen der Zweite Weltkrieg schuld. Die alliierten Streitkräfte fliegen in den Kriegsjahren weit mehr als dreihundert Luftangriffe auf Berlin. Unzählige Bomben fallen auf die Stadt, noch heute werden immer wieder Blindgänger gefunden und müssen aufwendig entschärft werden. Als Lebensadern der Zivilisation sind Straßen Hauptangriffsziele. 1400 Kilometer Straßennetz werden im Zweiten Weltkrieg in Berlin weggebombt. Ein Teil davon ist nach Kriegsende nicht mehr aufgebaut worden. Im Berliner Lexikon der Straßennamen wimmelt es deshalb nur so von Straßen, die es heute nicht mehr gibt. Hat den ersten Teil des Kurfürstendamms nach dem Zweiten Weltkrieg also dasselbe Schicksal ereilt wie diese zerstörten Straßen?

Natürlich bleibt auch der Kudamm nicht von den Bomben verschont. Aber als die Prachtstraße Berlins sollte er nach dem Zweiten Weltkrieg weiterbestehen. Deshalb legten die Städteplaner besonderen Wert darauf, beim Wiederaufbau möglichst viel der alten Bausubstanz zu erhalten. In den Archiven des Bezirks Charlottenburg sind alle Häuser dokumentiert, die auf dem Kurfürstendamm zerstört wurden. Die niedrigste Hausnummer, die dort verzeichnet ist, ist allerdings die Nummer 10. Das Haus war so kaputt, dass es nicht mehr wieder aufgebaut wurde. Von den Hausnummern 1 bis 9 fehlt aber auch hier jede Spur. Sie müssen also

Ein Prachtboulevard mit langer Geschichte – und einem Schönheitsfehler. Links vor der Gedächtniskirche beginnt der Kurfürstendamm mit der Nummer elf.

schon vor dem Zweiten Weltkrieg verloren gegangen sein. Doch warum und vor allem wohin sind sie verschwunden?

Nach allem, was wir bisher wissen, muss sich der mysteriöse Häuserschwund zwischen den Jahren 1886 – dem Geburtsjahr des heutigen Kurfürstendamms – und 1945 ereignet haben. Um welches Jahr es sich genau handelt, verraten die historischen Stadtpläne. Die ersten vierzig Jahre erscheint der Boulevard in seiner Ursprungsform. Aber auf der Berliner Straßenkarte von 1926 hat sich plötzlich ein entscheidendes Detail verändert. Die Straße verläuft immer noch vom Landwehrkanal bis zum Grunewald, doch das erste Stück bis zum heutigen Breitscheidplatz heißt auf einmal Budapester Straße. Aber wieso?

Der Kurfürstendamm ist zu dieser Zeit Berlins «feine Jejend», hier wohnt, wer es sich leisten kann: Regierungsräte, Bankdirektoren, Schauspieler. In den noblen Geschäften auf dem Boulevard bummeln die gutbetuchten Damen der Berliner High Society. Gleichzeitig trifft sich die Kulturboheme von Bertolt Brecht bis Billy Wilder in den Cafés. Auf den Bühnen der Kabaretthäuser und Revuetheater geht es avantgardistischer, erotischer und geistvoller zu als irgendwo sonst im Land. Die ganze Welt schaut in diesen goldenen Jahren auf den Kudamm. Umso erstaunlicher scheint deshalb, dass mitten in dieser prominenten Zeit sein Anfang einfach abgeschnitten und umbenannt wird.

«Einfach so ist es natürlich nicht passiert», sagt der Historiker Karl-Heinz Metzger aus Charlottenburg, der ein Buch über den Kurfürstendamm geschrieben hat. Vielmehr sei ein entzündeter Blinddarm schuld. Es ist jener von Friedrich Ebert, dem ersten Reichspräsidenten der Weimarer Republik. Am 28. Februar 1925 bringt er den SPD-Politiker plötzlich und unerwartet zur Strecke. Das ganze Land ist geschockt, und noch mehr sind es seine Mitstreiter in der Regierung und im Parlament. Der erste deutsche Reichspräsident ist tot. Und niemand hat darüber nachgedacht, wie man seiner gedenken soll.

Deshalb muss nun ganz schnell eine Straße her, die nach ihm benannt werden kann. Am besten eine im Regierungsviertel, das damals wie heute in der Gegend rund um das Brandenburger Tor lag. Einziges Problem: Dort haben bereits alle Straßen einen Namen. Da nicht einfach irgendeine Berliner Straße nach einem Mann wie Ebert benannt werden soll, kommt also nur eine Umbenennung in Frage. Am besten von einer Straße, die auch etwas hermacht. Die Wahl fällt auf die Budapester Straße. Sie führt prestigeträchtig vom Potsdamer Platz zum Brandenburger Tor.

Leider schafft diese Lösung ein neues Problem: die ungarischen Freunde. Gerade einmal zehn Jahre trägt die Straße den Namen ihrer Hauptstadt. Ein diplomatisches Symbol für die gegenseitige Wertschätzung beider Staaten. Eine Streichung des Straßennamens würde sicher nicht unbeachtet bleiben, wahrscheinlich sogar Unmut auslösen oder als Affront gegen das Land gedeutet werden. Die Budapester Straße einfach für den verstorbenen Reichspräsidenten opfern, ganz ohne Ersatz? Nein, das geht wirklich nicht. Eine neue Lösung muss her. Eine, die alle Beteiligten – allen voran den ungarischen Botschafter – zufriedenstellt. Es bleibt also nur eine Möglichkeit: den Ungarn als Zeichen der Freundschaft ein schönes Geschenk machen. Eine populäre Berliner Straße soll ihnen zu Ehren benannt werden. Und keine Straße ist populärer als der Kurfürstendamm. Aber keinesfalls der ganze – nur ein Teil davon. Also wird der Prachtboulevard kurzerhand um die ersten achthundert Meter gekürzt. Das Stück, auf dem sich die ersten neun Häuser befinden, heißt

fortan Budapester Straße. Auf dem Rest des immerhin noch
dreieinhalb Kilometer langen Boulevards ändert sich nichts.
Er behält seine ursprünglichen Hausnummern. Zu groß
wäre der bürokratische Aufwand, ihn neu zu nummerieren.
Sollen sich doch Berliner und Touristen zukünftig darüber
wundern. Hauptsache, die deutsch-ungarische Freundschaft ist gerettet.

Honeckers Guckloch

E s soll das hässlichste Haus der Hauptstadt sein, vertraut man der Meinung einiger Berliner. Die Rede ist von einem graubraunen DDR-Platten-bau in der Memhardstraße 2 in Berlin-Mitte. Zwischen dem lebhaften Alexanderplatz und den edlen Boutiquen um die Hackeschen Höfe wirkt der Koloss tatsächlich ein wenig aus der Zeit gefallen. Er besteht aus drei großen Gebäudeteilen, die, auf massiven Betonstelzen stehend, etwas versetzt nebeneinander gebaut wurden. Der Komplex erstreckt sich von der mehrspurigen Karl-Liebknecht-Straße entlang der Memhardstraße auf gut vierzig Metern Länge und mehr als dreißig Metern Höhe. Rund hundertzwanzig Klingelschilder verteilen sich auf vier Hauseingänge.

Nicht nur seinem Äußeren hat der Plattenbau einen eher bescheidenen Ruf zu verdanken, sondern auch seiner jün-geren Geschichte. Als Drogenbunker und Junkiehölle wird das Wohnhaus noch bis vor einigen Jahren in den lokalen und überregionalen Zeitungen beschimpft. Die Drogensze-ne auf dem Alexanderplatz wird damals immer wieder von der Polizei aufgemischt und vertrieben. Mit der Zeit spricht sich unter den Drogensüchtigen herum, dass sich das von den Bewohnern kaum genutzte Treppenhaus der DDR-Platte um die Ecke sehr gut zum Spritzen, Ausruhen und – zum Leidwesen der Bewohner – auch als Toilette eignet. Erst ein Sicherheitsdienst und Speziallampen im Treppenhaus, in deren blauem Licht die Venen auf der Haut kaum noch zu erkennen sind, schaffen es, die ungebetenen Gäste dauerhaft loszuwerden.

Wäre es nach den Plänen der Stadtverwaltung gegangen, würde das Haus schon längst nicht mehr auf seinen Betonstelzen stehen. Kurz nach der Wiedervereinigung sollen der Alexanderplatz und die umliegenden Straßen komplett umgestaltet werden. Ein Entwurf mit insgesamt dreizehn Wolkenkratzern, die rund um den Alexanderplatz bis zu hundertfünfzig Meter in die Höhe reichen sollen, gewinnt den Planungswettbewerb. Die Vision der Stadtplaner: das Erschaffen einer modernen Berliner Skyline direkt am Alexanderplatz. Der DDR-Plattenbau hat darin keinen Platz mehr und soll verschwinden. Doch der ambitionierte Entwurf muss den Verantwortlichen letztlich doch eine Nummer zu groß gewesen sein, denn 1999 einigen sie sich auf eine abgespeckte Version mit weniger Hochhäusern. Aber auch diese Idee verläuft mit den Jahren im Sande. Grund sind laut Berliner Senatsverwaltung für Stadtentwicklung «finanzielle Einbrüche bei den Investoren». Und so steht es also immer noch da, das «Memi», wie Bewohner und Nachbarn das Wohnhaus fast schon liebevoll nennen.

Was aber die wenigsten wissen: Das «Memi» war schon vor der Wende kein normales Haus, und eine Besonderheit erregt bis heute die Gemüter. Es geht um ein kleines Fenster im vorletzten Stock, eigentlich ganz unauffällig, wenn es nicht das einzige Fenster in der ansonsten fensterlosen Fassade wäre. So springt das einsame Guckloch jedem, der an diesem Haus vorbeigeht, sofort ins Auge. Der Anblick allein ist schon kurios, aber wie so oft machen die Gerüchte, die sich darum ranken, das Ganze erst so richtig spannend.

Laut Bewohnern und Nachbarn soll niemand anders als eine der beiden Töchter von DDR-Staats- und Parteichef Erich Honecker hinter diesem Fenster gelebt haben. Ob Erika aus erster Ehe oder die später unehelich geborene Sonja, das weiß heute leider niemand mehr. Doch wer auch immer es war, der Legende nach soll einer der Honecker-Sprösslinge dafür verantwortlich sein, dass dieses Fenster überhaupt existiert. Der angebliche Grund: Hinter dem Fenster befindet sich das Badezimmer, und für ebendieses

Das einsame Fenster im Plattenbau am Alexanderplatz
regt bis heute die Phantasie der Berliner an.

lässt sich Honeckers Tochter kurzerhand nachträglich ein
Guckloch einbauen. Bis heute kursiert diese Legende und
beflügelt die Phantasie der Berliner. Eine besonders skurrile
Variante besagt sogar, dass auch Honecker persönlich ab
und zu durch das Fenster sein Volk auf dem Alexanderplatz
beobachtet hat.

«Wer zur höchsten Elite der DDR gehörte, lebte eigentlich
nicht im Zentrum der Stadt», sagt der wissenschaftliche
Leiter Dr. Stefan Wolle vom DDR-Museum, dessen Arbeitsplatz sich nur zwei Straßen weiter direkt am Spreeufer befindet. «Das ganze obere DDR-Politbüro lebte recht isoliert
in der Waldsiedlung in der Nähe von Wandlitz.» Ein abge-
sperrtes und bewachtes Gelände mit großen Häusern, von
Stacheldraht umzäunt. «Ein normaler Mensch kam da nicht
rein», führt Wolle weiter aus. Aus gutem Grund, denn hinter
ihren Mauern leben die Machthaber in einem Konsumpara-
dies, vom dem der normale DDR-Bürger nur träumen kann.
Sie kaufen in Supermärkten ein, in denen es Apfelsinen und
die eigentlich nicht existenten Bananen gibt. In den Wohn-
zimmern werden Westzigaretten geraucht, und in den Gara-
gen stehen dicke Volvo-Limousinen. Auch die Ausstattung
ihrer Häuser hat nichts mit der typischen Inneneinrichtung
einer DDR-Platte gemein. Reinster Luxus, verglichen mit
dem, was der Rest der Bevölkerung kennt. Der kann die
Privilegien der Führungselite damals nur erahnen. So wird
von Saunen und Schwimmbädern im Keller gemunkelt, von
Wasserhähnen aus Metall anstatt aus Plastik.

«Je weniger Öffentlichkeit es gibt, desto mehr Gerüchte
erzählt man sich», erklärt Wolle vom DDR-Museum. Und da
es in der DDR weder freie Presse noch die sogenannten Bou-
levardmedien gegeben habe, machten Erzählungen von den
luxuriösen Eskapaden und skurrilen Sonderwünschen der

Führungsschicht schnell die Runde. Das Fatale: Oft hätten sich solche Geschichten später bewahrheitet, sagt Wolle, wie die Gerüchte über die luxuriösen Villen in Wandlitz zeigen, deren exklusive Ausstattung erst nach der Wiedervereinigung öffentlich wurde. Doch ob das auch im Fall des einzelnen Fensters zutrifft?

Für die Legende von Honeckers Guckloch spricht zunächst, dass das Gebäude in der Memhardstraße 2 keine klassische DDR-Platte ist, wie man sie in hundertfacher Ausführung in den Großsiedlungen außerhalb der Stadtzentren des Ostens findet. Aufgrund seiner exklusiven zentralen Lage leben hier vor der Wiedervereinigung vor allem Diplomaten, Journalisten und viele Parteifunktionäre. Ob aber eine von Honeckers Töchtern darunter war, kann der Historiker aus dem DDR-Museum nicht beantworten. Darüber seien ihm keine Aufzeichnungen bekannt. Dass dort das Fenster nachträglich für sie eingebaut worden sein könnte, halte er trotzdem nicht für ausgeschlossen. «Es wäre ja keine große Sache gewesen – übrigens auch nicht für einen Normalbürger der DDR, wenn er den richtigen Antrag gestellt hätte», so der Museumsleiter.

In einer etwas abgewandelten Version taucht das Gerücht auch in der Kiez-Zeitschrift «Mitteschön» auf. In einem Artikel aus dem Jahr 2010 heißt es, dass nicht die Tochter des Generalsekretärs, sondern die von Erich Mielke, dem Minister für Staatssicherheit in der DDR, in der Wohnung hinter dem Fenster gewohnt haben soll, was die ganze Sache noch ein wenig geheimnisvoller macht. Welche Geschichte verbirgt sich nun hinter diesem mysteriösen Fenster in der Platte?

Bei der städtischen Wohnungsbaugesellschaft Berlin-Mitte, kurz WBM, die das Haus seit der Wende verwaltet, ist Martin Püschel der Mann für alle Fragen rund um die DDR-Bauten. Der Mittdreißiger ist selbst vor einigen Jahren in eine Ostberliner Platte gezogen. Wie viele Alt- und Neuberliner, die diese günstigen Wohnungen den mittlerweile meist überteuerten Altbauten vorgezogen haben, ist er begeistert von ihrem ganz eigenen Charme. Erst recht, wenn sie mitten in der Stadt liegen wie das Memi. «Hier leben die unterschiedlichsten Leute, von der Studentin über Filmproduzenten bis zur Zahnärztin», erzählt Püschel über die heutigen Mieter in der Memhardstraße.

Natürlich kennt er auch die Legende von Honeckers, wahlweise Mielkes Guckloch. Deswegen hat er sich schon vor Jahren darangemacht, dieses Rätsel ein für alle Mal zu lösen. Antworten findet er, als er sich mit der Geschichte des Hauses befasst. «Bevor es gebaut wurde, war hier direkt neben dem Alex Brachland», erzählt Püschel. Doch Wohnraum ist knapp in der DDR, und so beschließt man, auch hier ein Mietshaus zu errichten. 1984 sei das bis zu dreizehn Stockwerke hohe Haus mitten im Zentrum der Stadt bezugsfertig gewesen. Doch wer hatte nun dieses Fenster veranlasst? Dafür hat sich Püschel die Bauunterlagen aus den achtziger Jahren genauer angeschaut. Auf einen nachträglichen Einbau findet sich darin kein Hinweis. Das Fenster muss also schon bei der Planung des Gebäudes vorgesehen worden sein. Die Wohnungsgrundrisse geben schließlich weiteren Aufschluss.

«In diesem Haus sind die Wohnungen ganz unterschiedlich geschnitten», sagt Püschel. Besonders in den oberen beiden Stockwerken änderten sich die Grundrisse maßgeblich. So gebe es im achten Stock noch ganz normale Ein- bis Zweizimmerwohnungen, die nebeneinander angelegt seien. Doch im neunten Stock seien die Wohnungen viel

größer, sagt Püschel. Dort, wo unten der fensterlose Haus-
flur liege, sei oben ein Zimmer. «Und ein Zimmer braucht
nun mal ein Fenster», erklärt der Plattenbauexperte. Dass
es dieses Fenster gibt, ist also keinem privilegierten Sonder-
anfertigungswunsch zu verdanken, sondern einem bau-
lichen Umstand, der von Anfang an existierte.

So bleibt die Legende von Honeckers Guckloch in der
Platte am Alexanderplatz letztlich nur eine Legende. Das
Memi wird mit seinem kleinen einsamen Fenster trotzdem
ein ganz besonderes Haus bleiben. Eines, das – ob nun als
hässlich empfunden oder nicht – immer wieder die vorbei-
eilenden Menschen zum Stehenbleiben, Hochschauen und
Grübeln auffordert.

Die Hölle von Schöneberg

D ie Hölle liegt mitten im Stadtteil Schöneberg. «Blanke Hölle», so wird tatsächlich eine Wohnsiedlung genannt, die außerhalb des Autobahnrings, südlich vom Tempelhofer Feld, liegt. Zum Glück ist ihr Anblick längst nicht so schaurig und böse, wie der Name vermuten lässt. Vielmehr handelt es sich um eine ruhige Ecke im Südosten von Schöneberg an der Grenze zu Tempelhof. Alte Mietshäuser reihen sich aneinander, dazwischen viel Grün. Fragt man die Bewohner, so wollen sie bisher nichts Teuflisches in ihrem Kiez bemerkt haben. Und sie bestehen darauf, dass er korrekterweise «Blanke Helle» heißt und nicht «Blanke Hölle», wie es oft fälschlich in Stadtplänen und Ortsbeschreibungen steht.

Tatsächlich ist der Name «Blanke Helle» auf einer glänzenden Messingplatte eingraviert, die an einer Hauswand hängt. Dort ist auch zu lesen, dass die gesamte Wohnanlage, die sich über insgesamt vier Straßen und einen Platz erstreckt, unter Denkmalschutz steht. Womit hat dieser Ort also seinen unheimlichen Namen verdient? Ist es einfach nur ein Schreibfehler, oder was hat es damit auf sich?

Genauere Informationen über die «Blanke Helle» finden

sich im Landesdenkmalamt von Berlin. Die Wohnsiedlung stammt aus den Jahren 1930 und 1931, heißt es dort. Wie viele andere Siedlungen aus dieser Zeit ist auch sie im Stil der sogenannten Berliner Moderne erbaut. Nirgendwo im Land sind damals die Wohnungen so knapp wie in der Hauptstadt. Und das nicht nur, weil auch schon im Ersten Weltkrieg einige Häuser bei Bombenangriffen zerstört worden waren. Vielmehr steigt die Heiratsrate seit Kriegsende wieder an, was zur Folge hat, dass zahlreiche frischgebackene Eheleute auf der Suche nach ihren eigenen vier Wänden sind. Gleichzeitig zieht es mehr und mehr Menschen aus dem Umland in die boomende Großstadt, angelockt von den Fabriken und Unternehmen. Doch der private Wohnungsbau kommt nur sehr langsam damit hinterher, den riesigen Bedarf an Wohnraum zu decken. Historiker schätzen, dass in den zwanziger Jahren im ganzen Land zeitweise weit mehr als eine Million Wohnungen fehlten.

Zudem bahnt sich bereits die Wirtschaftskrise inklusive dramatischer Inflation an. Tausende Arbeiterfamilien hausen in engen, dunklen Mietskasernen unter katastrophalen hygienischen Bedingungen. In einer kleinen Einzimmerwohnung im Hinterhof wohnen nicht selten Vater, Mutter und zwei bis drei Kinder. Oft müssen sich mehrere Familien ein einziges Klo teilen. Auch gebadet wird so gut wie nie, wegen fehlender Badezimmer, und wenn, dann in den öffentlichen Badeanstalten. Abhilfe in der Wohnungsnot sollen die neuen Siedlungen schaffen, die zu dieser Zeit in verschiedenen Außenbezirken Berlins entstehen. Die Bauherren kommen nicht aus der Privatwirtschaft, sondern sind städtisch, gemeinnützig oder genossenschaftlich organisiert. Ihre Architekten sollen bezahlbare und moderne Wohnhäuser für Hunderte Menschen entwerfen.

So entstehen die höchst funktionalen Bauten der Berliner Moderne, die sich von den Gründerzeithäusern deutlich unterscheiden. Alle Wohnungen sind mit Küche, Bad und meist auch Balkon ausgestattet, es gibt weder Hinterhof noch Seitenflügel, damit mehr Licht in die Räume dringt. Besonders wichtig sind Umgebung und Ausblick, denn die sollen den Bewohnern möglichst viel Grün bieten. So wie bei der Schöneberger Anlage mit mehr als vierhundertvierzig Ein- und Zweizimmerwohnungen, entworfen von Erich Glas und Hans Jessen im Auftrag der städtischen Deutschen Gesellschaft zur Förderung des Wohnungsbaus. Sie wird kreisförmig um eine mit Wasser gefüllte natürliche Senke gebaut. Diese trägt den Namen «Blanke Helle» und befindet sich in der Mitte des Alboinplatzes. Ein Platz, der eigentlich mehr Park als Platz ist, und eine Senke, die wie ein zu groß geratener Tümpel wirkt, umrahmt von dichten Büschen und Bäumen. Wie in der Hölle sieht es an diesem idyllischen Ort wirklich nicht aus. Welche Geschichte verbirgt sich also hinter dem Gewässer, dass es so einen Namen verdient?

Naturgeschichtlich lässt sich die Entstehung der Senke einfach erklären. Sie ist ein Überbleibsel aus der letzten Eiszeit, als der Gletscher, der die gesamte Region bedeckte, sich langsam zurückzog. Wie im Falle des Weißen Sees im gleichnamigen Stadtteil im Norden Berlins blieb auch hier ein Wasserrest zurück. Toteisloch nennen Wissenschaftler dieses Naturphänomen. Und das klingt fast schon so unheimlich wie die Legende, die sich um dieses tiefe dunkle Wasserloch rankt.

Vor sehr langer Zeit soll die Blanke Helle noch inmitten eines dunklen Waldes gelegen haben. Es war ein heiliges Gewässer, denn es gehörte der germanischen Göttin Hel, der Wächterin des Totenreichs. Der Legende nach wohnte ein Priester am Ufer des Sees, der seiner Göttin regelmäßig Opfer brachte. Als Belohnung schickte sie ihm dafür einmal im Jahr zwei Stiere aus der Tiefe des Sees hinauf. Diese band er vor seinen Pflug und bestellte damit seinen Acker, weshalb ihm eine reiche Ernte sicher war. Eines Tages verirrte sich ein christlicher Mönch in den Wald. Der Priester nahm den jungen Geistlichen auf, und weil sie sich so gut verstanden, machte er ihn zu seinem Nachfolger.

Als der Priester starb, sollte der Mönch sein Erbe antreten und die Tradition fortführen. Doch aufgrund seines christlichen Glaubens verweigerte der Mönch der Göttin Hel die gewohnte Ehrerbietung. Der Deal mit den Stieren platzte, und der Acker verwahrloste. Als alle Vorräte aufgebraucht waren, betete der Mönch zu Gott, mit der Bitte um einen schnellen Hungertod. Das erzürnte die Göttin Hel so sehr, dass sie ihre Stiere wieder hinaufschickte. Aber diesmal pflügten sie nicht nur einen Teil, sondern das ganze Ufer ab. Und alles Land innerhalb der Furche wurde komplett mit Wasser überschwemmt. Ein gigantischer Wirbel entstand, der das Erdreich des Ufers mit dem Mönch in die Tiefe zog, in den Schlund des Totenreiches der Göttin Hel. Seitdem gilt der See als verflucht. Und immer wenn jemand im See ertrank, wurde der Unfall mit der alten Sage in Verbindung gebracht. Dieser Aberglaube hielt sich bis Anfang des 20. Jahrhunderts. Der Legende nach befindet sich die Hölle also tatsächlich mitten in Schöneberg.

Die Sagenforscherin und ehemalige Dozentin an der Humboldt-Universität Gisela Griepentrog hat sich auf die Suche nach dem Ursprung der Legende gemacht. Erstmals 1921 und nochmals 1925 taucht sie in der Literatur auf, während die meisten anderen klassischen Sagen bereits gut hundert Jahre zuvor niedergeschrieben wurden. Doch handele es sich nicht um wissenschaftliche Sammlungen, denn es fehlen Anmerkungen, Quellen und sonstige Hinweise auf den Ursprung der Erzählung. «Die Angaben, woher genau die Sage stammt, sind auf Grundlage der beiden Sammlungen gar nicht überprüfbar», fasst Griepentrog zusammen. Allerdings führe die Spur für sie ohnehin viel eher in die Sprachgeschichte. «Hel ist ein altgermanischer Begriff für einen verborgenen Ort, einen geheimen und nicht so leicht zu findenden Ort», sagt die Ethnographin. Erst später sei daraus dann die Bezeichnung Hel als Name für die Unterwelt entstanden. Ursprünglich sei das Wasserloch also nicht nach der Göttin Hel benannt worden, sondern bezeichnete einfach nur die versteckte Lage im Wald. Im Laufe der Zeit wurde dann die Geschichte zum Ort hinzugedichtet, vermutlich während der Christianisierung der Gegend.

An die Legende von der Göttin Hel und ihrer Racheaktion erinnert bis heute «Berlins größter Stier», eine massive, meterhohe steinerne Skulptur des Bildhauers Paul Mersmann von 1934. In Angriffsstellung blickt er von seinem Podest auf den Höllenpfuhl hinab. Vielleicht aus Angst, dass seine Artgenossen doch noch mal nach oben kommen?

Der Friedhof der Namenlosen

Berlin ist im wahrsten Sinne des Wortes auch eine Stadt der Toten. Über zweihundert Friedhöfe gibt es hier, mehr als in jeder anderen deutschen Stadt. Zahlreiche Prominente haben Berlin mehr oder weniger freiwillig als ihre letzte Ruhestätte ausgesucht. Über die ganze Stadt verteilt ruhen die großen Namen der vergangenen Jahrhunderte. Man könnte Tage damit verbringen, über den Dorotheenstädtischen Friedhof in Mitte oder den Waldfriedhof in Zehlendorf zu wandeln und die Gräber von Berühmtheiten wie Georg Wilhelm Friedrich Hegel, Bertolt Brecht, Johannes Rau, Hildegard Knef oder Harald Juhnke zu besuchen.

Neben diesen hochkarätig besetzten Friedhöfen existieren aber auch ganz spezielle Ruhestätten für eine bestimmte Klientel. So gibt es im Prenzlauer Berg seit 2014 eine Gräberanlage ausschließlich für homosexuelle Frauen, in Weißensee den größten jüdischen und in Neukölln den ältesten islamischen Friedhof Europas. Daneben würde ein kleiner einsamer Berliner Friedhof fast untergehen, trüge er nicht einen unheimlichen Namen: Friedhof der Namenlosen.

Seine offizielle Bezeichnung klingt viel harmloser, das

Berliner Verzeichnis der städtischen Friedhöfe führt ihn als «Friedhof Grunewald-Forst». Mitten im Grunewald, ganz im Westen der Stadt, liegt er, etwas abseits der langen Havelchaussee, am Ende eines Waldpfads. Ohne genaue Wegbeschreibung ist er nicht leicht zu finden. Wer aber nicht gleich aufgibt, wird belohnt, denn der Waldfriedhof zählt zu den idyllischsten Orten der Stadt. Umgeben von schweren dunklen Tannen, liegt er in einer hübschen Waldlichtung. Die meisten der nur wenigen hundert Gräber sind überwuchert, die Blumen längst vertrocknet und die Grabsteine von Moos bedeckt. Es herrscht Stille, die nur durch das Rauschen der Bäume und das Zwitschern der Vögel unterbrochen wird.

Abgesehen von seiner abgeschiedenen Lage, unterscheidet sich der Friedhof nicht wesentlich von einer ganz gewöhnlichen Begräbnisstätte, die so auch mitten in der Stadt neben einer Kirche angelegt sein könnte. Und anders, als sein Titel «Friedhof der Namenlosen» vermuten lässt, tragen die Grabsteine sehr wohl Namen, Geburts- und Sterbedaten der Toten.

Sogar das Grab einer prominenten Sängerin ist darunter: Christa Päffgen, genannt Nico, die Muse des weltbekannten amerikanischen Pop-Art-Künstlers Andy Warhol. Model, Schauspielerin und in den Sechzigern Sängerin der New Yorker Band The Velvet Underground. 1988 stirbt Nico, die immer wieder mit ihrer Drogensucht zu kämpfen hatte, nach einem Fahrradunfall auf der spanischen Urlaubsinsel Ibiza an einer Hirnblutung. Wie vor ihrem Tod verfügt, wird sie neben ihrer Mutter auf dem Friedhof im Grunewald beerdigt. Heute ist Nicos Grab eine beliebte Pilgerstätte für ihre Fans. Namenlos und unbekannt ist also weder ihr Grab noch das aller anderen auf dem Friedhof. Warum wird der Friedhof aber so genannt?

«Tatsächlich ist der Friedhof Grunewald-Forst erst seit 1920 ein offizieller städtischer Friedhof», erfährt man beim Bezirksamt Charlottenburg-Wilmersdorf. Doch schon zuvor scheint es dort Bestattungen gegeben zu haben. Das lässt sich unter anderem daran erkennen, dass es Grabmale gibt, die eindeutig vor 1920 datiert sind. Es handelt sich um fünf russisch-orthodoxe Andreaskreuze, beschriftet mit kyrillischen Buchstaben. «Kreuze für russische Zwangsarbeiter, die beim Bau der Avus eingesetzt wurden», erzählt der Berliner Friedhofsforscher Carl-Peter Steinmann. Die zehn Kilometer lange Automobil-Verkehrs- und Übungsstraße, kurz Avus, wird ab 1913 gebaut und ist die erste Straße Europas, die nur für Autos zugelassen ist. Heute erinnert eine Zuschauertribüne entlang der vierspurigen Straße noch an die Nutzung als Rennstrecke, mittlerweile ist sie Teil der Autobahn 115. Die Avus entsteht im ersten Jahr des Ersten Weltkriegs, auch Zwangsarbeiter werden eingesetzt.

Carl-Peter Steinmann hat jahrelang die Geschichten hinter den Berliner Friedhöfen recherchiert und ein Buch darüber geschrieben. Der Friedhof der Namenlosen im Grunewald zählt seitdem zu seinen Lieblingsorten. Über die russischen Zwangsarbeiter weiß er, dass sie in den Baracken am S-Bahnhof Grunewald gelebt haben. Täglich schuften sie schwer auf der Baustelle und leiden unter den unhygienischen Verhältnissen in den dreckigen, zugigen und engen Baracken. Nicht wenige gehen an diesen schrecklichen Bedingungen zugrunde. Andere entscheiden sich dafür, ihr Leid eigenhändig zu beenden. Neben Vergiftungen mit Methylalkohol sei Ertrinken eine häufige Todesursache gewesen, sagt Steinmann, «besonders in der Havel».

Für fünf der Männer, die den Freitod gewählt haben, werden die erwähnten Holzkreuze errichtet. Das ist im Jahr

1917, drei Jahre bevor der Friedhof überhaupt offiziell in den städtischen Unterlagen zu existieren beginnt. Aber die fünf Russen sind bei weitem nicht die ersten, die hier bestattet werden. Laut Steinmanns Recherchen geht die Geschichte dieses Ortes bis ins 18. Jahrhundert zurück.

Zu dieser Zeit gilt Suizid in der preußischen Rechtsprechung noch als Verbrechen gegen Gott, sich selbst und die Gesellschaft und wird strafrechtlich verfolgt. Menschen, die sich selbst töten, hätten keine bessere Behandlung verdient als jemand, der einen anderen tötet. Ihr Eigentum wird konfisziert, ein christliches Begräbnis verweigert und der Leichnam von den Behörden einbehalten. Nicht selten wandert er als Anschauungsmaterial für Wissenschaftler und Stu-

Der einstige «Schandacker» im Grunewald, der «Friedhof der Namenlosen», ist heute einer der schönsten Friedhöfe der Stadt.

denten geradewegs in die Anatomie. So bleibt den Hinter-
bliebenen nur eine Möglichkeit, ihren Lieben trotzdem eine
würdige Ruhestätte zu verschaffen: Sie müssen sie vorher
heimlich begraben.

Mit dem Allgemeinen Preußischen Landrecht von 1794
wird die Strafverfolgung von versuchtem Selbstmord offiziell beendet. Von den Ideen der Aufklärung beeinflusst,
hatte Friedrich der Große bereits einige Jahre zuvor in
königlichen Beschlüssen jedem Menschen das Recht auf
Selbsttötung zugesprochen. Eine Bestrafung von Selbstmördern halten nun auch immer mehr Juristen für unsin-
nig, da sie letztlich keinen Nutzen für die Gesellschaft habe.
Immerhin schade der Selbstmörder ja nur sich selbst und
verletze weder die Ehre noch das Eigentum eines anderen
oder das des Staates. Menschen, die sich selbst getötet haben, wird mit dieser Gesetzesänderung zwar immer noch
eine standesgemäße Ehrung vorenthalten, aber zumindest
ein stilles Begräbnis wäre legal.

Doch für die Kirchen ist und bleibt die Selbsttötung eine
unsittliche Handlung. Sie weigern sich weiterhin, die sün-
digen Selbstmörder auf ihren geweihten Ruhestätten aufzunehmen. Die Aufgabe, sie zu bestatten, fällt deswegen
denjenigen zu, die sie finden. In vielen Fällen sind das die
Mitarbeiter der Forstverwaltungen, denn die Leichen der
Selbstmörder werden oft in Wäldern gefunden.

Um Zeit und Kosten zu sparen, erledigen die Förster im
Grunewald die Bestattung auf ihre Art – schnell und un-
kompliziert. Etwa einhundert Meter vom Havelufer entfernt
vergraben sie die Selbstmörder auf der ersten Waldlichtung.
Und genau das spricht sich in der angrenzenden Großstadt
Berlin herum: ein abgelegener Ort im Grunewald, an dem
Selbstmörder ihre letzte Ruhe finden können. Und weil es

auf diesem Friedhof keine Grabsteine gibt, trägt er bald seinen Namen.

Immer mehr Lebensmüde machen sich auf den Weg in den Grunewald, um sich hier aus dem Leben zu verabschieden. «Das ging so weit, dass es sogar ein Verbot gab, in der Presse über diesen Ort zu schreiben, damit nicht noch mehr Leute angelockt werden», hat Friedhofsforscher Steinmann herausgefunden. Doch die Bekanntheit unter den potenziellen Selbstmördern in Berlin und Umgebung scheint stattdessen zu steigen. «Die Förster aus dem Grunewald hatten leider das Pech, dass in ihrem Zuständigkeitsgebiet besonders viele Selbstmörder gefunden wurden», erklärt der Friedhofsforscher.

Der Grund dafür ist das nahe Havelufer. Ins Wasser zu gehen ist im 19. und zu Beginn des 20. Jahrhunderts nämlich eine besonders beliebte Form des Freitods. Die meisten Menschen können nicht schwimmen, und so ist das Wasser ein naheliegender Ausweg. Regelmäßig stranden tote Körper am Ufer des Flusses. Erstaunlicherweise ist es immer wieder dieselbe Stelle im Gebiet der Forstverwaltung Grunewald, an der die Leichname an Land gespült werden. Es scheint, als ziehe das Havelufer der Halbinsel Schildhorn sie förmlich an. Und genauso ist es auch. «Eine unterirdische Strömung ist daran schuld», erklärt Carl-Peter Steinmann das erstaunliche Phänomen, das sogar jeder selbst ausprobieren könne. Wer nämlich auf der rechten und auf der linken Seite der Halbinsel jeweils einen mit Holz gefüllten Sack ins Wasser wirft, staunt nicht schlecht. Nach rund acht Stunden liegen beide Säcke am Strand des rechten Ufers – nur etwa einhundert Meter vom heutigen Friedhof entfernt. Die Strömung sorge dafür, dass trotz der eindeutigen Fließrichtung der Havel nicht alles flussabwärts treibe, sondern an dieser bestimmten Stelle wieder angeschwemmt werde, so Steinmann. Der Friedhof der Namenlosen hat seine Existenz also einem besonderen Naturphänomen zu verdanken.

Erst mit der Eingemeindung von Teltow in die Stadt Berlin im Jahr 1920 wird der einsame Ort im Grunewald Teil der Hauptstadt. Im gleichen Jahr entzieht die Stadtverwaltung von Groß-Berlin den Kirchen auch das Bestattungsmonopol. Und weil so ein illegaler «Schandacker» einer Weltstadt nicht gut zu Gesicht steht, wird entschieden, aus dem Friedhof der Namenlosen eine offizielle städtische Ruhestätte zu machen.

Bald jedoch wird auch diese Ära zu Ende gehen, denn inzwischen hat der Bezirk beschlossen, den Friedhof der Natur zurückzugeben und damit zum ersten Mal wirklich namenlos zu machen.

Der kälteste Ort Berlins

Eine Großstadt wie Berlin kann sich im Sommer ganz schön aufheizen. Ein echter Hotspot ist der Alexanderplatz, in den heißen Monaten können hier schon mal über 35 Grad gemessen werden. Der Grund: Die dichte Bebauung bindet die Wärme der Sonne sowie die der Autos, Fabriken und Häuser und macht damit den Alex oft zum heißesten Ort der Stadt. Wer sich erfrischen will, der springt in einen der zahlreichen Seen Berlins oder gleich in die Spree. Auf keinen Fall sollte er jedoch Abkühlung im Berliner Westen suchen. Denn am Rande von Spandau, im vermeintlich kühlen Grünen, kann es mitunter noch heißer werden als mitten in der Millionenmetropole.

Und das sogar an einem Ort, der Eiskeller heißt. Ein Landschaftsschutzgebiet, gut 21 000 Quadratmeter groß, an dem regelmäßig extreme Temperaturen gemessen werden. Denn das Thermometer klettert im Sommer hier nicht nur höher als irgendwo sonst in der Stadt, auch im Winter kann es mitunter bis zu zehn Grad kälter sein als ein paar Kilometer weiter. Der Name ist also vollkommen gerechtfertigt. Mit 24 Grad minus haben die Meteorologen hier schon arktische Temperaturen gemessen.

Einer von ihnen ist Thomas Globig. Er betreut die Wetter-
station in Eiskeller und weiß genau, warum es an diesem
Ort so klirrend kalt und brütend heiß werden kann. «Anders
als in der dichtbebauten Innenstadt umgeben die Mess-
station hier Weiden und Wiesen», sagt der Wetterexperte.
Die Landschaft ähnelt fast schon einer Steppe, und so kühle
die Luft besonders in klaren, trockenen Winternächten ra-
pide ab. Verstärkt wird der Kühleffekt durch eine ganz besondere Vegetation, die sogar zum Naturdenkmal ernannt
wurde: eine Grasfläche mit einer speziellen hochwüchsigen
Wiesenart, in der sich Mulden befinden. Im Sommer staut
sich darin die heiße Luft, im Winter die schwere Frostluft.
Und genau das wussten die Bauern schon vor mehr als
zweihundert Jahren zu nutzen. «In den Fließen, die es dort
gab, haben die Bauern im Winter regelrecht Eis angebaut
und abgeerntet», erzählt Karl-Heinz Bannasch vom Spandauer Geschichtsverein. Das Eis wurde in speziellen unterirdischen Hütten gelagert, den Eiskellern. Im Frühjahr und
Sommer profitierten davon vor allem die Spandauer Braue-
reien, an die das Eis für die Bierproduktion verkauft wurde.

Aufgrund dieser besonderen klimatischen Bedingungen
kann Eiskeller wohl zu den bekanntesten unbekannten
Orten der Hauptstadt gezählt werden. Denn jeder Berliner
hat wahrscheinlich schon einmal seinen Namen im lokalen
Wetterbericht gelesen oder gehört, wo er wegen der dorti-
gen Klimastation häufig auftaucht. Doch auch in einer ganz
anderen Hinsicht macht Eiskeller seinem Namen alle Ehre.
Und zwar weil er zu DDR-Zeiten immer wieder zu einem
Schauplatz des Kalten Krieges wird.

Damals ist die Gegend Teil der britischen Besatzungszone
und ragt dabei wie eine Hakennase aus dem Spandauer Gebiet heraus. Die wenigen Bauernhöfe dort sind nahezu ganz

umschlossen von der sowjetischen Besatzungszone. Und
als wäre das nicht kompliziert genug, befinden sich in Eiskeller auch noch die einzigen drei DDR-Exklaven. Drei kleine Grundstücke, jeweils nur wenige Meter breit und lang,
die aufgrund von historischen Fluraufteilungen nicht offiziell zu Spandau gehören und damit auch nicht automatisch
der britischen Besatzungszone zugesprochen worden sind.
Für die zwanzig Bewohner des westlichen Eiskeller bedeutet das, dass sie jedes Mal, wenn sie nach Spandau wollen,
durch einen schmalen, streng bewachten Korridor müssen,
der gesäumt ist von schwerbewaffneten Grenzsoldaten.

Für die Kinder aus Eiskeller hat diese Situation einen
der ungewöhnlichsten Schulwege zur Folge, die es je in
Berlin gab. Das versucht kurz vor dem Bau der Mauer im
Jahr 1961 auch der kleine Erwin S. für sich zu nutzen. Eines
Tages erzählt er seinen Eltern, er hätte nicht in die Schule
gehen können, weil er von DDR-Grenzsoldaten aufgehalten
worden sei. Prompt reagieren die britischen Besatzer und
geben Erwin und seinen Mitschülern einige Tage lang jeden
Morgen Geleitschutz mit einem Panzer. Symbolträchtige
Bilder gehen um die Welt. Sie zeigen britische Soldaten, die
das Recht der Eiskeller-Schüler auf ihren Schulbesuch verteidigen. Erst 33 Jahre später gesteht Erwin S. ein, dass die
Geschichte von den DDR-Soldaten nur eine Ausrede war,
um die Schule zu schwänzen.

In den Siebzigern wird der Korridor zwar ein wenig ver-
breitert, und die unsinnigen DDR-Exklaven werden endlich
Westberlin zugeschlagen, aber Eiskeller bleibt weiterhin ein
Schauplatz von Szenen wie aus einem Agentenfilm. Aufgrund seiner Lage ist er ein beliebter Ort für sogenannte
«tote Briefkästen». Hier hinterlassen Spione ihre Nachrichten für die Verbindungsleute auf der anderen Seite. Einer

*Der zwölfjährige Erwin und ein britischer Panzerspähwagen
auf dem Weg zur Schule im August 1961.*

dieser Spione ist der amerikanische Überläufer Jeffrey Carney. Er ist Anfang der achtziger Jahre in Berlin als Soldat der
US-Streitkräfte stationiert. Carney beschließt, die Seiten zu
wechseln, und bietet sich dem DDR-Geheimdienst als Spion
an. Als Übergabeort für seine Informationen über die amerikanischen Stützpunkte einigt er sich mit den Ostagenten
auf das abgelegene Eiskeller. Immer wieder tarnt er sich als
Radsportler, um unbemerkt an die «toten Briefkästen» in
der abgelegenen Waldlandschaft zu gelangen.

    Andere Male verkleidet er sich in einem Versteck zwi-
schen den Bäumen als NVA-Soldat, um an den britischen

Grenzern vorbei in die DDR geschleust werden zu können. «Für mich war der Eiskeller Eingang und Ausgang der DDR, sozusagen mein privater Grenzübergang», schreibt der ehemalige Spion in seinen Erinnerungen. Elf Jahre saß Carney, der sich inzwischen Jens Karney nennt, nach der Wende für seine Spitzeltätigkeiten in einem amerikanischen Militärgefängnis.

Heute ist Eiskeller verlassener, aber auch idyllischer denn je. Nach Jahrzehnten des Kalten Krieges scheint die Kälte sich wirklich nur noch auf dem Thermometer zu zeigen.

Kürzer geht's nimmer

Die Berliner sind wahre Automuffel. Statistisch gesehen besitzt lediglich ein Drittel aller Hauptstädter einen Pkw. Zum Vergleich: Bundesweit ist es durchschnittlich jeder Zweite. Sogar der Mikrostaat Luxemburg hat mit 659 Autos pro tausend Einwohner eine fast dreimal so hohe Autodichte wie Berlin. Dabei hat die Bundeshauptstadt jede Menge Asphalt zu bieten. Mit einer Länge von exakt 5419 Kilometern, das ist sogar ein bisschen mehr als die Strecke von Lissabon nach Moskau, befindet sich hier das größte Straßennetz Deutschlands. Und eine Spazierfahrt mit dem Auto oder auch mit dem Bus über Berlins Straßen lohnt sich allemal. Bei über 14 000 Straßen und Plätzen trifft man hier nämlich auf so manche Skurrilität.

Zum Beispiel die Mauerstraße in Mitte, die jeden Autofahrer trotz GPS-Navigation zur Verzweiflung treibt, weil sie vollkommen unvermittelt endet, zwei Ecken weiter aber wieder auftaucht und ganz normal weiterläuft. Vom verschwundenen Stück Kudamm und den unterschiedlichen Hausnummernsystemen ganz zu schweigen. Natürlich gibt es in Berlin auch Rekordasphalt zu bestaunen: Die Straße des 17. Juni ist mit 75 Metern die breiteste innerstädtische Straße Deutschlands.

Wer die längste Straße der Stadt von Anfang bis Ende befahren will, der muss dafür vier Ortsteile durchqueren. Adlergestell heißt sie und ist insgesamt 11,9 Kilometer lang. Sie beginnt im südlichsten Teil von Berlin-Schmöckwitz, zieht sich durch Grünau, Adlershof und endet in Niederschöneweide. Mehrere hundert Jahre alt ist das Adlergestell. Zu Beginn seiner Geschichte ist es nicht viel mehr als ein Schneisenweg, auch «Gestell» genannt, auf dem abgeschlagenes Holz transportiert wird. Später dient die Strecke den preußischen Königen als Expressverbindung zum Schloss in Königs Wusterhausen. Zur Orientierung werden Adlerfiguren an den Baumstämmen montiert. Zu DDR-Zeiten ist die Straße die Hauptverkehrsader Richtung Süden nach Dresden und Leipzig. Erst die Eröffnung des letzten Teilstücks der A 113 am Autobahndreieck Neukölln im Jahre 2008 entlastet die legendäre Route.

Die längste Straße Berlins zu finden ist ein Klacks – viel schwieriger hat man es mit der kürzesten. Denn da es kein Gesamtregister für alle Straßen der Millionenstadt gibt, beginnt die Suche bei den insgesamt zwölf Vermessungsämtern der Bezirke. Und jedes davon kann natürlich von einer eigenen kürzesten Straße berichten. Lange Zeit galt vor allem im Westteil die Thusnelda-Allee in Moabit mit ihren knapp fünfzig Metern als Favoritin. Sie verbindet die Turmstraße mit der Straße Alt-Moabit. Nur ein einziges Gebäude steht dort, die Heilandskirche. Ihr neunzig Meter hoher Turm ist fast doppelt so hoch, wie die Straße lang ist, und somit auch der höchste jemals in Berlin errichtete Kirchturm.

Doch laut Pfarrerin Sigrid Neubert, deren Arbeitsplatz

sich hier befindet, könne die Thusnelda-Allee höchstens den Titel «Kürzeste Allee der Stadt» vorweisen. Auch wenn es den meisten Besuchern nicht sofort auffällt, an beiden Seiten stehen tatsächlich einige hochgewachsene Bäume, die die Straße zu einer Allee machen. Aber eben nicht zur kürzesten Straße Berlins. Die Drorystraße in Neukölln zum Beispiel misst nur 34 Meter, und im Bezirk Tempelhof-Schöneberg schafft es die Pohligstraße gerade mal auf neunzehn Meter. Das unterbietet nur noch eine Straße in Berlin-Mitte, die sich damit auch tatsächlich die kürzeste Straße von Berlin nennen darf.

«Kürzer als hier geht's nicht mehr in Berlin», bestätigt Bernhard Wittstock vom Vermessungs- und Katasteramt im Stadtteil Mitte. Eiergasse nennt sich die kürzeste Straße von Berlin, die im Nikolaiviertel liegt. Nur knappe fünfzehn Meter ist sie lang. Vom mehrspurigen Mühlendamm führt sie den Besucher mitten hinein in Berlins ältestes Quartier. Gerade mal zwei Häuser säumen die Gasse, eines rechts und eines links. Darin ein Buch- und Kunstantiquariat sowie ein Antikgeschäft. Doch den Titel «Kürzeste Straße von Berlin» musste sich die Eiergasse erst schwer erarbeiten. Nur die wenigsten Berliner wissen überhaupt von der Existenz dieser Rekordstraße, die trotz ihres ulkigen Namens auf eine bewegte Geschichte zurückblickt.

Viele Jahre befand sich direkt um die Ecke Berlins ältester Marktplatz, denn damals wurden die meisten Lebensmittel und Waren für die Stadt über die naheliegende Spree angeliefert und auf dem sogenannten Molkenmarkt verkauft. Auf alten Karten aus den 1930er Jahren ist das historische, mittelalterliche Berlin noch deutlich zu erkennen. Enge verwinkelte Gassen prägen die Stadtarchitektur. Eine davon ist die Eiergasse. «Seinerzeit hatten sich die Eierhändler hier

angesiedelt», erzählt der Experte aus dem Vermessungsamt. Zu jener Zeit ist sie noch doppelt so lang, ganze dreißig
Meter misst die Eiergasse.

Damals wie heute hätte sie es mit diesen Maßen nicht
auf das Siegertreppchen im Wettbewerb um den Titel
der kürzesten Straße Berlins geschafft. Was ist also in der
Zwischenzeit mit ihr passiert? Die Bombenangriffe der Alliierten zerstören in den letzten Kriegsjahren das gesamte
Nikolaiviertel, kaum eines der historischen Gebäude steht
noch am Ende des Krieges. Wenig ändert sich dort in den
folgenden Jahren.

Bis in Berlin das 750-jährige Stadtjubiläum ansteht. In
den Achtzigern wird sowohl im Ost- als auch im Westteil
der Stadt dafür mächtig aufgefahren. Es entbrennt ein regel-

6. ALT-BERLIN. Die Eiergasse am Molkenmarkt,
eine der ältesten Straßen Berlins.

*Um die Jahrhundertwende ist die Eiergasse noch weit
davon entfernt, zur kürzesten Straße der Stadt zu werden.*

rechter Wettbewerb darum, auf welcher Seite das Jubiläum festlicher und aufwendiger begangen wird. Dazu gehört auch, dass Straßen, Plätze und ganze Viertel aufgehübscht, saniert und neu gestaltet werden.

Die DDR-Führung ist besonders darauf erpicht, dem Westen zu zeigen, zu welchen städtebaulichen Leistungen die sozialistische Planwirtschaft des Arbeiter-und-Bauern-Staats fähig ist. So soll auch das zerstörte Ostberliner Ni-kolaiviertel wieder aufgebaut werden. Allerdings als Plat-tenbau. Tatsächlich verbergen sich hinter den historisch anmutenden Fassaden die damals besonders beliebten Plattenelemente des Typs WBS 70. Denn das neue Nikolai-viertel soll auch modernen Wohnraum in der sozialisti-schen Hauptstadt schaffen. Achthundert Wohnungen ent-stehen damals in der Berliner Altstadt für insgesamt rund zweitausend Menschen.

Und damit taucht plötzlich auch wieder die Eiergasse auf. Die Benennung wird auf das Jahr 1985 datiert, bestätigt Bernhard Wittstock aus dem Katasteramt in Mitte. «Damit ist die Eiergasse wieder auferstanden, allerdings nicht mehr ganz in ihrer alten Länge.» Schuld daran ist die Verbreite-rung des Mühlendamms, der am Nikolaiviertel vorbeiführt und dem die Eiergasse weichen muss. Die wird zwar auch ein wenig breiter, aber eben gleichzeitig um die Hälfte ge-kürzt und darf seitdem offiziell den Titel «kürzeste Straße von Berlin» tragen.

Alle lieben Else

Die Goldelse hat schon viel gesehen. Seit Jahrzehnten thront sie in knapp siebzig Metern Höhe in der Mitte des Großen Sterns im Tiergarten und blickt auf das hinab, was sich unter ihren nackten Füßen abspielt. Die Siegessäule, auf deren Spitze die Goldelse steht, prangt auf Postkarten und Reiseführern und ist Namenspatin für ein schwul-lesbisches Stadtmagazin. Einst als ein militärisches Denkmal errichtet, ist sie längst zu einem Symbol für die Offenheit und Toleranz der Menschen in der wiedervereinigten Hauptstadt geworden. In den neunziger Jahren, auf dem Höhepunkt der Technobewegung, tanzen Millionen Raver aus der ganzen Welt auf der Love Parade ausgelassen zu Füßen der Säule. 2008 versammeln sich Zehntausende Schaulustige am Großen Stern, um dem amerikanischen Präsidentschaftskandidaten Barack Obama zuzujubeln. Und jedes Jahr aufs Neue dient die goldverzierte Siegessäule Marathonläufern als Orientierungspunkt für das erlösende Ziel am Brandenburger Tor.

Angesichts ihrer langen und turbulenten Geschichte ist es eigentlich ein Wunder, dass es die Goldelse, wie der Berliner Volksmund die Statue getauft hat, überhaupt noch gibt.

Denn ihre Existenz stand in den vergangenen Jahrzehnten immer wieder auf der Kippe. 1939 muss sie einen Umzug überstehen, den sie den wahnwitzigen Plänen von Adolf Hitler und seinem Architekten Albert Speer zu verdanken hat. Als Teil der Welthauptstadt «Germania» soll direkt vor dem Reichstag die «Ruhmeshalle» entstehen. Ein Mammut-gebäude, in das – wäre es fertiggestellt worden – mehr als einhunderttausend Menschen gepasst hätten. Weil aber mitten auf dem damaligen Königsplatz bereits die Sieges-säule steht, wird diese kurzerhand versetzt, an ihren heuti-gen Standort in der Mitte des Tiergartens. Nach dem Krieg missfällt den französischen Besatzern die Säule und ihre Skulptur, die auf wundersame Weise die Bombenangriffe nahezu unbeschädigt überstanden hat. Sie beantragen ei-nen Abriss, werden aber von den anderen Siegermächten überstimmt.

Mehr als sechs Jahrzehnte später, im Jahr 2012, wird erneut an ihrer Daseinsberechtigung gerüttelt – zumindest verbal und äußerst medienwirksam. Der CDU-Politiker und frühere Bundesfamilienminister Heiner Geißler regt sich öffentlich über das «dümmste Denkmal Deutschlands» auf und fordert eine sofortige Sprengung. Wilhelminischer Kitsch sei dieses Bauwerk und symbolisiere Nationalismus und Militarismus. Grund für seinen Unmut sind die ins-gesamt sechzig vergoldeten Kanonenrohre, die zwischen dem roten Granitsockel und der Frauenskulptur angebracht sind. Sie gehören zur Kriegsbeute der preußischen Soldaten aus den Feldzügen gegen die Armeen von Dänemark, Öster-reich und Frankreich Mitte des 19. Jahrhunderts. Symbole der Macht und Stärke Preußens und des Deutschen Reichs, denn erst durch diese siegreichen Kriege wird dessen Gründung 1871 überhaupt möglich. Und weil diese Erfolgsgeschichte für alle sichtbar gemacht werden soll, wünscht sich der deutsche Kaiser ein prachtvolles Denkmal.

Zwei Jahre später wird das Bauwerk mit der vom preußischen Bildhauer Friedrich Drake entworfenen Frauenfigur auf der Spitze eingeweiht. Nach dem Vorbild der römischen Siegesgöttin Viktoria posiert sie im wehenden Kleid und mit Flügeln auf dem Rücken, in den Händen hält sie Lorbeerkranz und Eisernes Kreuz. Ihre Entstehungsgeschichte kann also nicht erklären, warum sie von den Hauptstädtern Else genannt wird. Trotzdem hat der Berliner die stolze Repräsentantin Preußens in eine harmlos klingende Oma von nebenan verwandelt. Wie hat sich die Goldelse ihren Namen verdient?

In Berlin tragen fast alle berühmten Bauwerke Spitznamen. Auch wenn sie von den Berlinern im Alltag eher selten benutzt werden – bekannt sind sie den meisten. So wurde dem Haus der Kulturen der Welt der Name «schwangere Auster» verpasst, und der Funkturm am Messegelände in Charlottenburg ist als «langer Lulatsch» bekannt. Wer auf einer Schiffsrundfahrt durch das Regierungsviertel am Kanzleramt vorbeischippert, wird gewiss die Bezeichnung «Elefantenwaschmaschine» zu hören bekommen. Die Herkunft all dieser Namen lässt sich leicht erklären. Sie beschreiben einfach das, was jeder Betrachter mit etwas Phantasie in den Bauwerken sehen kann.

So erklärt man sich meist auch, wie die Goldelse zu ihrem Namen gekommen ist. Bei der Enthüllung des goldenen Bauwerks habe ein Berliner ausgerufen: «Die sieht doch aus wie Elseken!» Woraus dann mit den Jahren die in der gesamten Berliner Bevölkerung bekannte Goldelse wurde. Immerhin legt diese Anekdote den Schluss nahe, dass der Spitzname «Goldelse» bereits ebenso lange existiert, wie

Bevor die Siegessäule Ende der Dreißiger auf den Großen Stern versetzt wurde, stand sie auf dem Königsplatz im Spreebogen.

die Viktoria auf der Siegessäule steht. Wer aber war die Else, an die der Rufende dachte? Seine Nachbarin oder vielleicht sogar eine prominente Persönlichkeit? Und wie hat es dieser Name geschafft, sich in der ganzen Stadt zu verbreiten?

Die Antwort findet sich in der populärsten deutschen Zeitschrift des 19. Jahrhunderts, sozusagen dem It-Magazin der preußischen Gesellschaft: in der «Gartenlaube». Eine Illustrierte, deren Zielgruppe eigentlich die bürgerliche deutsche Familie war. «In Wirklichkeit wurde die Zeitschrift aber schichtübergreifend gelesen», sagt die Kuratorin Hannelore Schneiderheinze von der Deutschen Nationalbibliothek in Leipzig. «Handwerker, Dienstmädchen, Dienstboten

und die dörfliche Bevölkerung haben die Gartenlaube ebenso gelesen wie die Angehörigen der höheren bürgerlichen
Schicht.» Die «Gartenlaube» ist sozusagen das erste deutsche Massenblatt.

So erfolgreich war die Zeitschrift, dass Experten wie
Hannelore Schneiderheinze sie als Grundstein des modernen Boulevardjournalismus sehen. Die Idee für das Magazin
hat der Leipziger Verleger Ernst Keil Mitte des 19. Jahrhunderts. Inhaltlich schwebt ihm ein buntes Sammelsurium
an Themen vor: Berichte aus Natur und Technik, Ratgeber,
historische Erzählungen sowie Gedichte und Romane. Für
jeden soll etwas dabei sein. Und damit trifft Keil einen Nerv
in der Bevölkerung. Innerhalb von vierzehn Jahren steigt
die Auflage der «Gartenlaube» von anfangs fünftausend
auf über zweihundertdreißigtausend verkaufte Exemplare.
Schneiderheinze geht aber davon aus, dass die Zeitschrift
sogar Millionen von Menschen erreicht habe, da eine Aus-
gabe oft von mehreren gelesen wurde.

Aber zurück zur Goldelse. Denn ihr hat das Magazin den
durchschlagenden Erfolg überhaupt erst zu verdanken, davon ist der Literaturwissenschaftler Jost Schneider von der
Universität Bochum überzeugt. Denn Goldelse ist der Kose-
name einer Romanfigur, eines einfachen, fleißigen, liebevol-
len und musikalisch begabten Mädchens mit goldblondem
Haar aus gutbürgerlichem Hause. Sie ist die Heldin eines
nach ihr benannten Fortsetzungsromans, der wöchentlich
in der «Gartenlaube» erscheint.

Ihre Geschichte folgt einem altbekannten Märchensche-
ma. Auf der Suche nach dem Mann ihres Herzens weist die
schöne Goldelse zunächst einen adligen Finsterling zurück,
um schließlich das Herz ihres bürgerlichen Liebsten zu ge-
winnen und als Ehefrau und Mutter glücklich zu werden.

«Der Triumph des Herzensadels über den Geburtsadel», fasst Jost Schneider Goldelses Story kurz. Nach diesem Prinzip funktionieren Seifenopern bis heute. Goldelse, dieses wahre Goldstück von einem Menschen, schlug Mitte des 19. Jahrhunderts fast jeden in ihren Bann und wird zu einem unverzichtbaren Teil der Familie. So litt und liebte ganz Berlin mit der Goldelse mit – und die «Gartenlaube» erzielte Traumauflagen.

Aus heutiger Sicht wirkt die junge Frau nicht sonderlich emanzipiert, zu jener Zeit aber stellt sie mit ihren bürgerlichen Tugenden das Ideal für eine immer größer werdende Leserschaft dar. Ein Ideal, das auch auf die oberen und unteren Kreise der preußischen Gesellschaft ausstrahlt. «Das Bürgertum entwickelt in diesen Jahren eine regelrechte Sogwirkung auf die anderen Schichten», sagt Literaturwissenschaftler Schneider. Nicht zuletzt, weil die Welt der bürgerlichen Familie mit all ihren Freuden und Sorgen in Romanen wie der «Goldelse» so idyllisch dargestellt wird. Für Jost Schneider hat der Spitzname der goldenen Viktoria daher auch mit diesem Erstarken bürgerlicher Werte zu tun. Je einflussreicher das Bürgertum wurde, umso mehr vereinnahmte es auch alles um sich herum, führt Schneider aus.

Dass die Berliner zu dieser Zeit der Siegesgöttin den Spitznamen Goldelse verpassen, komme also nicht von ungefähr. Der Berliner reduziere damit ein Stück preußischer Herrschaftsarchitektur auf ein bürgerliches, durchschnittliches Maß. «Denen da oben» sei auf diese Weise gewissermaßen der Herrschaftsanspruch entzogen worden. Ein Spitzname also, der viel deutsche Sozialgeschichte erzählt. Die Goldelse aus dem Fortsetzungsroman hat sogar noch ein weiteres kleines Geheimnis. Hinter dem Pseudonym E. Marlitt, dem Schöpfer der «Goldelse», verbirgt sich eine Frau: Eugenie John aus Thüringen. Gemessen an den Absatzzahlen der Zeitschrift kann sie heute als eine der ersten Bestsellerautorinnen der Welt bezeichnet werden.

Ein Fluss im Rückwärtsgang

Berliner lieben das Wasser. Vor allem im Sommer, dann strömen sie aus ihren Kiezen an die zahlreichen Strände der Flüsse und Seen in und um Berlin. Manchmal reicht es ihnen, einfach nur am Ufer zu sitzen und dem Wasser beim Vorbeifließen zuzuschauen – am liebsten an der Spree. Berlin ohne Spree, das wäre wie Currywurst ohne Soße. Denn ohne sie wäre aus dem kleinen Dörfchen Cölln nie die prächtige Residenzstadt der Kurfürsten, Könige und Kaiser geworden, geschweige denn die heutige Drei-Millionen-Metropole.

«Berlin ist aus dem Kahn gebaut», heißt ein geflügeltes Wort, das auf die enge Beziehung der Stadt zu ihrem Fluss und seinen Kanälen verweist. Die Spree war von Anfang an zentral für die Bedeutung Berlins im In- und Ausland, denn sie trieb die Mühlen an, brachte das Baumaterial für die Häuser und Fabriken, transportierte Waren und Menschen in die Stadt und wieder hinaus. Bis zum Zweiten Weltkrieg befand sich in Berlin einer der größten Binnenhäfen Europas.

Doch nicht nur das Wirtschaftsleben spielte sich am Wasser ab. Zu Beginn des 20. Jahrhunderts gibt es achtzehn offizielle Flussbadeanstalten für Männer und Frauen in Berlin. Die meisten davon sind auf dem Wasser schwimmende Fachwerkkonstruktionen, die ein nach unten offenes Becken abgrenzen. Nicht nur zur Körperhygiene werden diese Badeanstalten von den Hauptstädtern genutzt. In der vom Erfinder des Brustschwimmens, dem preußischen General Ernst von Pfuel, eröffneten Badeanstalt nahe der Oberbaumbrücke können die Berliner sogar das «Diplom der Schwimmkunst» erwerben, vorausgesetzt, sie schaffen es, die Spree zweimal schwimmend zu überqueren. Außerdem gibt es bereits Mitte des 19. Jahrhunderts an der Lohmühleninsel im Kreuzberger Spreeabschnitt ein richtiges Wellenbad, das von einer Dampfmaschine angetrieben wird. Und in derselben Badeanstalt wird einige Jahre später auch erstmals das sogenannte «Lichttauchen» angeboten, bei dem die Badenden, mit einer speziellen Taucherlampe ausgestattet, den Flussgrund erkunden können.

Allerdings nimmt der Badespaß in der Spree Anfang der Dreißiger ein jähes Ende. Untersuchungen aus dieser Zeit zeigen nämlich, dass das Spreewasser stark mit Bakterien verschmutzt ist. Heute gibt es wieder Bestrebungen, die Berliner Fluss- und Badekultur zum Leben zu erwecken, vorausgesetzt, es gelingt, die Spree zumindest stellenweise entsprechend sauber und sicher zu machen.

Vierhundert Kilometer lang ist der Hauptstadtfluss. Er entspringt im Oberlausitzer Bergland nahe der Grenze zu Tschechien und mündet bei Spandau in die Havel. Genau genommen ist die Spree also nur ein Nebenfluss der Havel. Der Berliner Abschnitt, rund fünfundvierzig Kilometer lang, ist das Endstück, sozusagen der krönende Abschluss ihrer langen Reise. So war das schon immer. Und so kennen es auch die Berliner.

Doch manchmal sorgt der Fluss für eine Überraschung,

wie der freundliche Bootsverleiher am Ufer des Treptower
Parks berichtet. Als er vor einigen Jahren an einem heißen
Sommertag auf seine geliebte Spree blickte, warf es ihn fast
aus seinem Verkaufsbüdchen. «Zuerst sah es so aus, als
würde sie stillstehen, aber dann schaute ich genauer hin
und merkte, sie fließt ja zurück!», erzählt der Bootsverleiher.
Vor ihm lag ein Fluss, der seine Wassermassen einfach zurückzog, sozusagen den Rückwärtsgang eingelegt hatte.

Nun kommen Flüsse nicht einfach so auf die Idee, spon-
tan die Richtung zu wechseln – oder etwa doch? Professor

*Badegäste am Spreeufer in der Stadtmitte um 1933 –
was heute ein Zukunftstraum ist, war lange Zeit möglich.*

Günter Gunkel ist Limnologe, zu Deutsch ein Gewässer-
experte, und forscht an der Technischen Universität Berlin.
Seine Antwort ist eindeutig: «Ja, das geht sehr wohl, Flüsse
können tatsächlich rückwärts fließen.»

Ein berühmtes Beispiel dafür sei einer der größten Was-
serströme der Welt, der Amazonas, so der Wissenschaftler.
Mehrere Male im Jahr lege auch der längste Fluss Süd-
amerikas den Rückwärtsgang ein. Als ein faszinierendes
Spektakel beschreiben Zeugen dieses Naturereignis: An der
Flussmündung drückt der Atlantische Ozean einen bis zu
fünf Meter hohen Wasserberg in das Land hinein und den
Flusslauf hinauf. Die Einheimischen nennen die Megawelle
respektvoll «Pororoca». Übersetzt heißt das «großer Lärm»,
denn mit einem lauten Grollen kündigt sich die spektakuläre und mitunter auch zerstörerische Flusswelle an. Für
Surfer aus der ganzen Welt bietet sich dann eine ganz besondere Gelegenheit, kommen sie doch in den Genuss einer
kilometerlangen Superwelle, die sich bis zu zwanzig Minuten am Stück reiten lässt.

Der Grund für dieses Naturspektakel sind laut Gunkel
die Gezeiten. «Wenn der Meeresspiegel höher liegt als der
Wasserstand des Flusses, dann drückt das Meereswasser
das Flusswasser zurück in seinen Lauf», so der Wissenschaftler. Vor allem dann, wenn die Flut besonders stark sei
und auf einen niedrigen Wasserstand im Fluss treffe. Da die
Gezeiten vom Mondkalender beeinflusst werden, kommen
die großen Pororoca-Wellen besonders häufig in den ersten Monaten des Jahres vor. Dann presse der Atlantik die
Wassermassen des Amazonas über eine Strecke von bis zu
dreihundert Kilometern zurück ins Land. Aber kann diese
Erklärung auch für das Phänomen in der Spree herhalten?

Das Wasser der Berliner Spree fließt in die Havel, von da

aus weiter in die Elbe, Richtung Hamburg und dann auf direktem Weg in die Nordsee. Und deren Gezeiten sind bekanntlich auch nicht ohne. Der Wasserstand kann zwischen Ebbe und Flut um bis zu vier Meter schwanken. Doch reicht das aus, um sich bis zur Spree bemerkbar zu machen?

«Nein», antwortet Günter Gunkel. Ein Spektakel wie auf dem Amazonas ist auf der Spree nicht zu erwarten. Dafür sei der Hauptstadtfluss viel zu weit von der Nordseemündung entfernt. Bis Cuxhaven, wo das Wasser der Spree schließlich in die Nordsee fließt, sind es von Berlin aus weit mehr als vierhundert Kilometer. Gezeiteneffekte habe noch kein Forscher in der Spree feststellen können, so der Professor. Immerhin kann er bestätigen, dass das Berliner Phänomen mit unterschiedlichen Wasserständen zu tun haben muss. Denn, so zeigt das Beispiel Amazonas, nicht nur der Höhenunterschied zwischen Quelle und Mündung bestimmt, in welche Richtung ein Fluss fließt, sondern auch unterschiedlich hohe Wasserpegel innerhalb des Flusses.

Einer, der sich so gut wie kein Zweiter mit dem Wasserstand in der Spree auskennt, ist Dr. Martin Pusch. Er arbeitet am Leibniz-Institut für Gewässerökologie in Berlin-Friedrichshagen. Hier steht die Spree unter ständiger Beobachtung, akribisch werden alle wichtigen Daten gesammelt. Dr. Pusch hat vermutlich einen der schönsten Arbeitsplätze in Berlin, direkt am Müggelsee. Von seinem Schreibtisch aus hat er sein Forschungsobjekt immer im Blick. Natürlich war auch er schon mal Zeuge davon, wie die Spree rückwärts floss: «Das ist schon eigenartig, wenn sich so ein Fluss plötzlich zurückbewegt», erzählt der Wissenschaftler.

Am besten könne man das Phänomen dort beobachten, wo die Spree sich nach einem Intermezzo im Müggelsee wieder zum Fluss verengt. Ebenso wie im Amazonas spiele ein niedriger Wasserstand dabei eine Rolle, bestätigt Gewässerforscher Pusch. Und besonders niedrig sei er in sehr heißen Sommern, vor allem, wenn der Regen ausbleibe. Dann verdunste nicht nur übermäßig viel Wasser, gleichzeitig würden auch noch große Mengen aus dem Müggelsee abgepumpt, führt der Forscher weiter aus. Bei großer Hitze wird in Berlin einfach mehr getrunken, geduscht, geplanscht und gegossen. All das wirkt sich im Laufe eines regenarmen Sommers deutlich auf den Wasserstand im Müggelsee aus. Denn rund ein Viertel des Berliner Trinkwassers kommt aus dem Müggelsee, im Sommer sogar noch etwas mehr.

Zusammen mit der Verdunstung erklärt das alles zwar den besonders niedrigen Wasserstand in den heißen Monaten, doch bleibt die Frage offen, woher die drückenden Wassermassen kommen, die einen Rückwärtsgang des Flusses auslösen können. «Auch aus der Spree», antwortet Dr. Pusch. Wenn viel Wasser verbraucht werde, dann werde andernorts viel Wasser zurückgeleitet. Täglich werden rund fünfhundert Millionen Liter Wasser aus den Kläranlagen der Innenstadt in die Stadtspree zurückgespült. Dort besteht der Hauptstadtfluss daher fast ausschließlich aus geklärtem Wasser.

Wenn im Sommer nun besonders viel Wasser in die Innenstadt-Spree geleitet werde, treffe das auf den niedrigen Pegel in den äußeren Bezirken. Und da Wasser immer von oben nach unten fließe, passiere im Grunde genau das Gleiche wie mit dem Amazonas, erklärt Martin Pusch. Nur dass in diesem Fall die Berliner selbst für den Gezeitendruck sorgen, denn die Wassermassen stammen aus den unzähligen Badezimmern und Küchen der Hauptstadtbewohner. Allerdings ist der Lärm ihrer Spreewelle kaum lauter als eine Toilettenspülung.

Per Luftdruck durch die Stadt

B erlin kann Neuankömmlinge manchmal regelrecht erschlagen. Hauptstadtbesucher klagen nicht selten darüber, wie viel größer, weiter und voller hier alles sei als im Rest des Landes. Das beginnt schon bei der Ankunft am Hauptbahnhof, dem größten Kreuzungsbahnhof Europas. Jede Minute fahren die Züge aus allen Richtungen, ober- und unterirdisch, in den Bahnhof ein. In der Innenstadt ist das nicht anders, auch hier bewegen sich die S- und U-Bahnen zur Verwunderung von Berlin-Neulingen mal unterhalb, mal oberhalb der Straßen.

Über die großen Plätze wie den Alexanderplatz wuseln Menschen, Radfahrer und Straßenbahnen in großem Durcheinander. Und auf den breiten, mehrspurigen Straßen, Boulevards und Alleen herrscht sowieso viel zu viel Verkehr. Kein Wunder in einer modernen Stadt mit rund dreieinhalb Millionen Einwohnern. Doch das ist alles nichts im Vergleich zu den Eindrücken, die sich dem Besucher vor mehr als hundert Jahren geboten haben müssen.

Berlin ist in den ersten Jahrzehnten des 20. Jahrhunderts ein Zentrum der Modernität, eine Stadt, die nicht zur Ruhe kommt, denn hier pulsiert das Leben – vierundzwanzig

Stunden am Tag. Qualmend fahren die Lokomotiven aus allen Großstädten Europas in die Berliner Bahnhöfe ein. Die Warenhäuser der Stadt präsentieren die neueste Mode und die modernsten Haushaltsgeräte aus aller Welt. Dank Firmen wie AEG und Siemens schrauben die Berliner selbst eifrig an der Zukunft mit. In den Großraumbüros schuften die Menschen Schreibtisch an Schreibtisch ebenso im Akkord wie die Fabrikarbeiter an den Fließbändern. Hier werden um die Jahrhundertwende unter anderem der Haartrockner, die Taschenlampe und die Thermoskanne erfunden. Auch was die modernen Kommunikationsmittel angeht, liegt die Stadt weit vorne. Schon 1888 gibt es in Berlin mehr Telefonanschlüsse als in den gesamten Vereinigten Staaten.

Wer in diesen Jahren zum ersten Mal nach Berlin kommt, muss einfach glauben, dass hier alles möglich ist. Zum Beispiel auch, dass Menschen unterhalb der Straßen durch die Stadt geschossen werden. So wie Emil in Erich Kästners 1929 erschienenem Kinderbuchklassiker «Emil und die Detektive». Darin kommt der kleine Emil das erste Mal nach Berlin. Schon im Zug hört er staunend von der modernen Rohrpost, die auch Menschen durch den Berliner Untergrund befördern könne.

Gut möglich, dass dieses Gerücht damals tatsächlich von einigen Menschen für bare Münze genommen wurde. Was sich wie Science-Fiction liest, hat einen wahren Kern. Tatsächlich gibt es in Berlin zu dieser Zeit ein gigantisches unterirdisches Rohrsystem, um Briefe, Depeschen und Nachrichten per Luftdruck von einem Ort zum anderen zu schicken.

Das Zentrum der Rohrpostanlage ist das Haupttelegraphenamt in der Oranienburger Straße in Mitte, ganz in der Nähe der Neuen Synagoge. Hier kommen die telegraphischen Meldungen aus aller Welt an. Damit sie in kürzester Zeit zum richtigen Adressaten gelangen, werden die eingehenden Telegramme zunächst in handliche unterarmdicke Kapseln verpackt und dann auf die Reise durch die Stadt geschickt. Auch Briefe, die nur von einem Stadtteil zum nächsten müssen, werden von den Rohrpostmitarbeitern auf die richtigen Rohre verteilt. So wird alles, was in schriftlicher Form verschickt werden kann, per Luftdruck durch die Stadt gejagt. Mit Hilfe riesiger Dampfmaschinen, die die Luft aus den Rohren saugen, erreichen die Kapseln eine Geschwindigkeit von bis zu achtzig Stundenkilometern. Ein Wunderwerk der Technik, von dem heute kaum mehr etwas übrig ist. Die allerletzten Überreste sind für die Öffentlichkeit nicht zugänglich.

Damals ist die Berliner Rohrpostanlage die zweitgrößte ihrer Art. Nur in Paris ist das «pneumatische System» noch größer und verzweigter, denn dort können die Rohre praktischerweise in den Katakomben verlegt werden. Aber auch in Berlin wird das riesige unterirdische Kommunikationsnetz ständig erweitert, denn die Hauptstädter nutzen es fleißig. Wer eine Nachricht von Kreuzberg nach Wilmersdorf schicken will, geht einfach zum nächsten Rohrpostamt, nennt die Zieladresse, und schwupps ist die Kapsel unterwegs. Nach einigen Zwischenstopps, an denen sie von den Rohrpostmitarbeitern aus einem Rohr ins nächste gesteckt wird, landet die Nachricht schließlich in der Wilmersdorfer Poststelle, von wo aus sie zum Empfänger gebracht wird. Einige wohlhabende Haushalte haben sogar private Rohrpoststationen.

Das neue System revolutioniert die Nachrichtenübermittlung. Kein menschlicher Bote ist schneller als die Rohrpost. Was vorher Stunden dauerte, schaffen die Postkapseln

*Eine Berliner Rohrpoststation im Jahr 1901 –
ein hochkomplexes System, für das es viel Personal bedurfte.*

in einem Bruchteil der Zeit. Selbst amerikanische Ingenieure reisen Ende des 19. Jahrhunderts über den Atlantik in die
Hauptstadt des Deutschen Reiches, um das geniale System
zu studieren. Ende der 1930er Jahre verbindet ein mehr
als vierhundert Kilometer langes Rohrnetz knapp achtzig
Postämter in der ganzen Stadt. Acht Millionen Sendungen
schießen jährlich durch die Anlage. Doch wurden tatsächlich auch Menschen mit der Berliner Rohrpost verschickt?

Dr. Veit Didczuneit vom Museum für Kommunikation in
Berlin-Mitte bekommt leuchtende Augen, wenn er vor dem
Rohrpostmodell in seinem Museum steht. «Dieses geniale,

damals supermoderne System hat gewiss die Phantasie der Menschen beflügelt», vermutet Didczuneit. Doch was dem kleinen Emil im Zug von einem Mitreisenden erzählt wird, das sei in Berlin nie ausprobiert worden. «Den Verantwortlichen bei der Königlich Preußischen Telegraphendirektion war klar, dass das technisch nicht möglich ist», sagt der Historiker. Die Berliner Rohre waren dafür zu klein, mit nur etwas mehr als einem halben Meter lagen sie zudem nicht tief genug unter der Erde. Große schwere Gegenstände oder gar Personen damit zu transportieren wäre zu aufwendig gewesen – und zu teuer.

Doch im England der 1850er Jahre, lange vor dem Rohrpostboom, glaubte man noch daran, dass es möglich sein könnte, Menschen per Luftdruckantrieb zu bewegen. Als Konkurrenz zur Dampflok tüfteln in der Mitte des 19. Jahrhunderts ein paar Ingenieure an der sogenannten atmosphärischen Bahn. Eine oberirdische Bahn, die durch Luftdruck aus unterirdisch verlaufenden Rohren angetrieben wird. «Die Erfinder waren ihrer Zeit weit voraus», so Ingmar Arnold, Autor eines Buchs über die Rohrpost. «Schneller und sicherer als die schnaufenden Lokomotiven sollte das System werden.»

Doch so schön die Idee in der Theorie ist, in der Praxis entpuppt sie sich im wahrsten Sinne des Wortes als Rohrkrepierer. Über ein Teststadium kommt der Luftdruckzug nicht hinaus. Eine Entdeckung machen die Ingenieure bei den zahlreichen Versuchen aber doch: Kleine Gegenstände flitzen regelrecht durch die Rohre, wenn ausreichend Luftdruck erzeugt wird. Die Idee der Rohrpost ist damit geboren.

Im Jahr 1861 schießt schließlich die erste Briefkapsel durch die Londoner Rohrpostanlage. Keine vier Jahre später hält die Erfindung auch in Berlin Einzug. Auch wenn es nie

Wirklichkeit geworden ist, dass Menschen per Luftdruck von einem Ort zum anderen geschossen werden – erst recht nicht in Berlin –, die Vision stand am Anfang dieses fast vergessenen Berliner Nachrichtensystems.

Im Jahr 1976, genau hundert Jahre nachdem die erste private Rohrpostnachricht verschickt wurde, geht übrigens die letzte Sendung in Ostberlin auf die Reise. Im Westen der Stadt ist der Betrieb bereits vier Jahre zuvor eingestellt worden. Zu groß ist die Konkurrenz durch die neuen Kommunikationsmittel wie Telefon und Telefax. In der geteilten Stadt schafft die Rohrpost sowieso längst nicht mehr das, was sie vor dem Krieg geleistet hat. Viele Rohre sind durch die Bombeneinschläge unbrauchbar geworden, andere durch die Teilung der Stadt. Langsam verschwindet die Rohrpost aus den Köpfen der meisten Berliner. Nur in der beliebten Kinderserie «Hallo Spencer», die in den siebziger und achtziger Jahren ausgestrahlt wird, hat sie noch hin und wieder einen Auftritt.

Doch für einige Berliner gehört die Rohrpost auch heute noch zum Berufsalltag. In Europas größtem Universitätsklinikum, der Charité, werden seit den 1970er Jahren täglich Tausende Rohrpostsendungen durch das Haus geschickt. Blut- und Gewebeproben sowie wichtige Originaldokumente gelangen auf schnellstem Wege von einer Station zur nächsten. Auch durch manche Kaufhäuser und große Fabriken laufen heute noch meterlange Rohre, die als Beförderungsweg für Geld, Dokumente oder sogar Waren dienen. Heute ist es nämlich möglich – im Gegensatz zur Anfangszeit –, auch mehrere Kilogramm schwere Dinge mit der Rohrpost auf die Reise zu schicken. Nur Menschen sind immer noch nicht darunter.

Im Kaufrausch

Das Kaufhaus des Westens in Berlin-Charlottenburg, kurz KaDeWe, genießt Weltruf. Ein Lu-
xuskaufhaus, das in einer Liga mit den Galeries
Lafayette in Paris und Harrods in London spielt. Mit insgesamt sechzigtausend Quadratmetern Ladenfläche ist es
das größte Kaufhaus auf dem europäischen Kontinent. Es
wirbt mit einer gigantischen Auswahl an Luxusmarken und
seinem exklusiven Kundenservice. Legendär ist auch die
Gourmetabteilung im sechsten Stock. Nicht nur deswegen
strömen täglich durchschnittlich achtzigtausend Besucher
in das Kaufhaus der Extraklasse. Ganz besonders stolz sind
die Mitarbeiter des KaDeWe aber auf die lange Tradition des
Hauses. Von Anfang an ist es das exklusivste Kaufhaus in
Berlin.

Doch etwa sechs Kilometer Luftlinie entfernt, genau an
der Grenze zwischen Kreuzberg und Neukölln, soll einst
ein ebenso prachtvolles Kaufhaus gestanden haben. Genau
dort, wo heute noch eine der letzten verbliebenen Karstadt-
Filialen ums Überleben kämpft. Einen Hinweis darauf gibt
ein Modell in einem Glaskasten. Es steht im obersten Stock-
werk des heutigen Kaufhauses, direkt vor dem Eingang des

Selbstbedienungsrestaurants. Es zeigt ein gigantisches Bauwerk – viel höher, breiter und prächtiger als sein Nachfolger. Täglich gehen Hunderte Kunden daran vorbei, ohne es eines Blickes zu würdigen. Dabei stellt sich doch die Frage: Was war das für ein Kaufhaus, und warum existiert es nicht mehr?

Gehen wir zurück in die Blütezeit der Berliner Warenhausgeschichte kurz nach der Jahrhundertwende. In der Hauptstadt herrscht damals ein harter Konkurrenzkampf zwischen gleich mehreren prachtvollen Kaufhäusern: Adolf Jandorf, einer der reichsten Großkaufmänner des Landes, besitzt bereits einige Warenhäuser in Berlin, als er 1907 das KaDeWe eröffnet, sein neuestes Haus für die gehobenen Ansprüche in der Tauentzienstraße an der Grenze zwischen Charlottenburg und Schöneberg. Schon seit 1894 lockt in der Leipziger Straße das bislang größte Kaufhaus Europas, das «Wertheim», täglich Zehntausende Besucher an. Und Hermann Tietz, Gründer und späterer Namensgeber des Hertie-Unternehmens, war mit seinem «Tietz» am Alexanderplatz ebenfalls einige Jahre zuvor in den Berliner Einzelhandel eingestiegen. Und das sind nur die drei größten Häuser in der Innenstadt. Viele mittlere und kleinere Warenhäuser verteilen sich über ganz Berlin.

Die Menschen strömen nur so in die Kaufhäuser, wie die Autorin Birgit Adam erzählt, die sich in ihrem Buch «Alles, was das Herz begehrt! Von Wunderkammern und Konsumtempeln» ausführlich mit der Geschichte der Kaufhäuser beschäftigt hat. «Der Gang ins Kaufhaus war ein Erlebnis, nicht nur, wenn man etwas Bestimmtes gebraucht hat, sondern allein um zu gucken, was es überhaupt so gibt», sagt Adam. Die verschiedensten Waren seien erstmals unter einem Dach präsentiert worden, kunstvoll drapiert, beleuchtet und vor allem in großer Stückzahl. Die Besucher sind begeistert.

Besonders weil es jedem erlaubt ist, ins Warenhaus zu gehen und sich einfach nur umzuschauen. Es gibt dort niemanden, der wie in den kleinen Geschäften hinter dem Ladentisch steht und darauf drängt, etwas zu kaufen. Das Kaufhaus ist ein demokratischer Ort, der jeden einlädt, auch diejenigen, die kein Geld haben. Der Besuch verspricht Ablenkung, Unterhaltung und Faszination für jeden, egal ob arm oder reich.

Möglich geworden sei das erst durch die Industrialisierung ab Mitte des 19. Jahrhunderts, erzählt Birgit Adam. Die Waren können nun schneller und damit auch viel günstiger produziert werden. Kleider und Möbel werden nicht mehr auf Einzelbestellung in Handarbeit vom Schneider und Handwerker hergestellt, sondern in Massenproduktion in den Fabriken. Die Kolonialisierung Asiens und Afrikas tut ihr Übriges. Exotische Früchte, feine Stoffe, erlesene Kaffee- und Teesorten werden aus fernen Ländern in die Kaufhäuser geliefert und stillen die Sehnsucht nach der großen weiten Welt. Kein Wunder also, dass sie stets gut besucht sind. So wagt Ende der 1920er Jahre auch der Kaufmann Rudolph Karstadt aus Wismar den Schritt nach Berlin.

Den Anfang will er ausgerechnet am Hermannplatz in Neukölln machen, einem der vielen Arbeiterviertel der Millionenstadt. «Für Karstadt war das ein Antritt auf fremdem Gelände. Man wollte jetzt auch in der boomenden Reichshauptstadt Flagge hissen», sagt Nils Busch-Petersen, Geschäftsführer des Handelsverbands Berlin-Brandenburg und ausgewiesener Kenner der Berliner Kaufhausgeschichte. Durch die Übernahme einer regionalen Warenhauskette habe Karstadt bereits einige kleine Häuser in der Gegend besessen, erzählt Busch-Petersen. Doch was er nun vorhat, soll alles andere – und vor allem seine Konkurrenten – überragen.

Auf einer Fläche von gut 12 500 Quadratmetern baut Rudolph Karstadt sein erstes Kaufhaus in Berlin. Dafür müssen sogar einige Wohnhäuser Platz machen. Wie schon das große Karstadt-Haus in der Hamburger Innenstadt entsteht auch dieses nach den Plänen des Architekten Philipp Schaefer. In Rekordzeit von nur fünfzehn Monaten wird das monumentale Gebäude aus dem Boden gestampft. Allein die Fassade aus Muschelkalk ist einzigartig, sogar für die Metropole Berlin. So etwas kannte man bis dahin nur von Hochhäusern aus New York.

Rudolph Karstadt kleckert nicht, er klotzt. Das kastenförmige Gebäude ist dreißig Meter hoch, an beiden Seiten ragen vierundzwanzig Meter hohe massive Türme empor, auf denen noch einmal fünfzehn Meter hohe Lichtsäulen thronen. Nachts strahlen sie ebenso wie die Lichtbänder an der Fassade. Ein spektakulärer Anblick zwischen den deutlich niedrigeren Wohnhäusern, der auf vielen Postkarten verewigt wurde. Doch nicht nur von außen ist das neue Mega-Kaufhaus beeindruckend. Als allererstes Gebäude in Berlin erhält es einen eigenen unterirdischen U-Bahn-Zugang. Gleich zwei Linien, die heutige U7 und die U8, transportieren die Fahrgäste direkt vor die Türen des Kaufhauses. 72 000 Quadratmeter Ladenfläche verteilen sich auf neun Etagen – zwei davon liegen unterirdisch – und halten ein einmaliges Waren- und Unterhaltungsangebot bereit.

Neben der üblichen umfangreichen Auswahl an Haushaltswaren, Möbeln und Kleidung lockt das Kaufhaus am Hermannplatz die Besucher vor allem mit Ablenkung von der harten Arbeit. Mehrere Gaststätten und Restaurants

Das Mega-Kaufhaus am Hermannplatz in voller Pracht,
kurz nach der Eröffnung im Jahr 1929.

servieren von der Bulette bis zum erlesenen Fisch für jeden
Geldbeutel das Passende. Im Gegensatz zum luxuriösen
KaDeWe soll dieses Haus nämlich für alle etwas zu bieten
haben. Es gibt sogar eine Art Kinderbetreuung: einen großen Spielplatz inklusive Karussell. Und Jahrzehnte bevor
die ersten Fitnessstudios sich in den oberen Geschossen
von Kaufhäusern einmieten, wartet Karstadt am Hermannplatz bereits mit einer Sportstätte samt Turngeräten auf.
Natürlich darf auch die entsprechende «Wellnessanlage»
mit Bade- und Duschräumen sowie Massageangeboten
nicht fehlen. Für viele Bewohner des Arbeiterviertels eine
der wenigen Möglichkeiten, der Körperpflege nachzugehen,

denn im ersten Drittel des 20. Jahrhunderts verfügen die wenigsten Wohnungen in den Mietshäusern der Großstadt über ein eigenes Badezimmer.

Zu den Highlights zählen aber auch die Veranstaltungen, Theateraufführungen und Konzerte, die täglich im Kaufhaus stattfinden – vor allem die auf der großzügigen Dachterrasse. Fünfhundert Menschen finden an den Tischen Platz und können währenddessen die weite Aussicht auf das umliegende Stadtviertel genießen. So wird die Terrasse bald zum Lieblingsort von Anwohnern und Besuchern, denn aus solch einer Höhe ist Berlin sonst nur selten zu bewundern, erst recht nicht in dieser Gegend.

Vierundzwanzig Rolltreppen bringen die Kundenströme in die neun Stockwerke, allerdings den größten Teil des Tages nur hinauf. Wieder runter kommt man mit den unzähligen Fahrstühlen im Haus. Ein extragroßer Aufzug ist sogar in der Lage, einen vollbeladenen Lkw in die oberen Stockwerke zu transportieren. Viertausend Menschen arbeiten im Karstadt-Haus am Hermannplatz. «Sicherlich ein Warenhaus der Superlative. Zu seiner Zeit das größte in Berlin und das modernste in Europa», schwärmt Kaufhausexperte Busch-Petersen. Aber genau so spektakulär wie sein Aufstieg ist auch der Niedergang des Mega-Kaufhauses in Neukölln.

In den letzten Monaten des Zweiten Weltkriegs leiden die Berliner unter dem Dauerbombardement der Alliierten. Im Kaufhaus am Hermannplatz hat sich eine SS-Einheit verschanzt. Als sie wegen der anrückenden Feindestruppen ihren Posten aufgeben müssen, jagen die Männer das gesamte Gebäude kurzerhand in die Luft. Sie befürchten, dass die riesigen Türme als Landmarken für weitere Luftangriffe dienen könnten, so Busch-Petersen. Aber noch ein viel per-

fiderer Plan steckt dahinter: die Strategie der verbrann-
ten Erde. Die Wehrmacht will nichts Brauchbares für den
Feind zurücklassen, erst recht keine Lebensmittel. Als die
Alliierten schließlich am Hermannplatz ankommen, finden
sie dort, wo einst das prächtige Karstadt-Haus thronte, nur
noch Trümmerberge und Ruinen vor.

Nach dem Krieg gibt es neue Hoffnung für das Kaufhaus.
Denn schon bald wird der Warenverkauf in den provisorisch
hergerichteten Räumen wieder aufgenommen. Und in den
folgenden Jahrzehnten wird das Gebäude Stück für Stück
auf- und ausgebaut. Aber an den Prunk vergangener Tage
wagen sich die Verantwortlichen nicht mehr heran. Zu groß
und protzig erscheint ihnen ein solches Mega-Kaufhaus in
Neukölln.

Ausgerechnet der wirtschaftliche Aufschwung dieser
Jahre verhindert ein glanzvolles Comeback des Karstadt-
Hauses am Hermannplatz. Immer mehr Menschen können
sich einen Fernseher und ein Auto für Ausflüge leisten. Für
die nötige Unterhaltung nach Feierabend ist also gesorgt.
Das Warenhaus als Erlebnistempel hat ausgedient, auch die
täglichen Besorgungen erledigt der Großstädter zunehmend
in den modernen Supermärkten.

Einzig das KaDeWe in Charlottenburg erlangt seinen
alten Glanz zurück. Im Krieg sei es längst nicht so stark
beschädigt worden wie die großen Häuser von Wertheim
und Tietz, weiß Busch-Petersen. «Das KaDeWe war relativ
einfach wieder herzurichten.» Lediglich ein amerikanischer
Bomber sei in einen der Lichthöfe gestürzt. Und so konnte man bereits wenige Jahre nach Kriegsende wieder mit
dem Verkauf beginnen. Zudem bleibt der Südwesten Berlins
auch nach dem Krieg eher gutbürgerlich und vermögend.
Das KaDeWe mit seinem Anspruch, gehobenen Standard zu

bedienen, hat es hier daher leicht. Neukölln hingegen bleibt auch in den Jahrzehnten nach dem Krieg ein Arbeiterviertel.

Heute erinnert kaum noch etwas an die alte Pracht des größten Karstadt-Hauses in Berlin. Zwar gelangt man immer noch direkt aus der U-Bahn in den Eingangsbereich, doch der Zauber der glanzvollen Ära ist längst verblasst. Das einstige Mega-Kaufhaus ist eine Einkaufsmöglichkeit unter vielen.

Berlins Nazi-Waschbären

B erlin ist ein Magnet: für Touristen aus aller Welt, für Glücksucher – und für Tiere. Schon seit Jahren sind Wildtiere auf dem Vormarsch aus den brandenburgischen Wäldern durch den Speckgürtel in die Hauptstadt. «Wo viele Menschen wohnen, gibt es Futter und keine natürlichen Feinde», erklärt der Berliner Wildtierexperte Derk Ehlert. Stadtfüchse sind zum Beispiel regelmäßig anzutreffen. Und es ist auch keine Seltenheit, dass sich Wildschweinrotten Richtung Zentrum hervorwagen. Mitunter endet ihr Berlinbesuch mit Randalen in Gärten oder sogar Hausfluren.

Besonders interessante tierische Neuberliner sind jedoch die Waschbären. Die pelzigen Nagetiere mit den dunklen Knopfaugen und dem buschigen grau-schwarz geringelten Schwanz sind keine besonders scheuen Zeitgenossen. Ungebeten nehmen sie an Grillpartys teil, grüßen morgens aus Blumentöpfen auf dem Balkon oder nächtigen auf der Fußmatte vor der Haustür. Und im Winter haben schon einige menschliche Berliner auf ihren Dachböden Bekanntschaft mit einer kinderreichen Waschbärenfamilie gemacht. Denn pro Jahr produziert ein Waschbärenpärchen vier- bis sechsfachen Nachwuchs. Laut der Senatsverwaltung für Umwelt wurden in Berlin schon mindestens vierhundert Waschbärenclans offiziell erfasst. Dabei sind sie weder Berliner noch Brandenburger Originale. Ursprünglich sind die Waschbären in den USA zu Hause. Doch offensichtlich fühlen sie sich auch hier pudelwohl.

«Die Brandenburger Natur ist ein echtes Waschbären- paradies», sagt Dr. Jürgen Goretzki, Wildtierökologe vom Bundesforschungsinstitut für Land, Wald und Fischerei in Eberswalde. Er ist der Waschbärexperte in Brandenburg. Mehrere zehntausend Exemplare sollen es hier schon sein. Waschbären haben sich in Brandenburg mittlerweile in al- len Lebensräumen ausgebreitet, in Wäldern, Sumpfgebieten und auf Wiesen. Doch das war ursprünglich gar nicht so ge- plant. Die putzigen Viecher sind laut Goretzki eine invasive Art, die aus den USA eingeschleppt und angesiedelt wur- den. Und eigentlich sollten sie gar nicht bis nach Branden- burg vordringen, sondern weiter im Süden Deutschlands bleiben.

Genauer gesagt in Hessen am Edersee, hier wurden sie im April 1934 überhaupt das erste und einzige Mal amtlich in Deutschland angesiedelt. Reichsmarschall Hermann Göring soll der Legende nach höchstpersönlich diese Migration an- geordnet haben. Er ist nicht nur privat ein leidenschaftli- cher Jäger, sondern trägt auch offiziell den eindrucksvollen Titel des Reichsforst- und Reichsjägermeisters. Die eng- lische Presse kann es sich nicht verkneifen und schreibt bis heute bisweilen über die «Nazi-Racoons», wenn sie über die vermeintlich drohende Plage des europäischen Waschbären berichtet.

Doch die Geschichte von den Nazi-Tieren, die sich im Blitzkrieg den Kontinent zu eigen gemacht haben, stimmt nur zur Hälfte. Das ergaben die Nachforschungen des Leiters des hessischen Forstamtes Vöhl am Edersee Eberhard Leicht und seiner Kollegen. Ihre Vorgänger waren es nämlich, die den ersten deutschen Waschbären in die Freiheit verholfen haben. In alten Briefen, Anträgen und Protokollen ist Eberhard Leicht den Ursprüngen der Ansiedlung in Hessen auf die Spur gekommen. Tatsächlich habe der als exzentrisch geltende Göring zwar über sein Amt die Erlaubnis erteilt, die Tiere auszusetzen, doch die ursprüngliche Initiative stammte von einem hessischen Pelztierzüchter. Dieser habe dem damaligen Forstamt angeboten, zur «Bereicherung unserer Fauna» zwei Waschbärenpärchen kostenlos zur Verfügung zu stellen. Noch bevor die offizielle

Ein amerikanischer Waschbär vor dem
Haus der Kulturen der Welt in Tiergarten.

Genehmigung aus Berlin eintrudelt, sind die Tiere bereits in der freien Natur unterwegs.

Und die hessischen Bedingungen erweisen sich als ein kleiner Garten Eden für die Nager. Viel Wald, viel Nahrung und keine Feinde – klar, dass die Population in den folgenden Jahren kräftig wächst. So liegt also auch die Vermutung nahe, dass die hessischen Waschbären es irgendwann einmal geschafft haben könnten, nach Brandenburg und Berlin rüberzumachen.

Aber so ganz richtig ist das nicht, weiß Wildtierökologe Goretzki. Denn der Beginn ihrer massiven Ausbreitung hier lässt sich ebenfalls ziemlich genau bestimmen: elf Jahre später als in Hessen, im April 1945. Zu dieser Zeit befindet sich nur wenige Kilometer östlich von Berlin, in Wolfshagen bei Altlandsberg, die Pelztierzucht von Familie Allner. Auf der Farm hält sie Biberratten, Nerze und Waschbären. Wo damals die Käfige stehen, ist heute alles mit Gräsern und Büschen zugewachsen. Denn die Pelztierzucht gibt es schon lange nicht mehr, und schuld daran ist der Krieg.

Im April 1945 stehen die Alliierten kurz davor, Berlin einzunehmen. Von Osten nähern sich die sowjetischen Soldaten. «Meine Schwiegermutter und mein Mann sind, kurz bevor die Soldaten da waren, nach Altlandsberg geflohen», erzählt Jutta Allner, die heute auf dem Gelände der alten Pelztierzucht lebt. Ihr verstorbener Mann war der Sohn des ehemaligen Pelztierzüchters. Von den Ereignissen im April 1945 habe sie von ihrer Schwiegermutter erfahren, sagt sie. An dem Tag, als diese mit ihrem Sohn zu Bekannten ins nächste Dorf geflohen sei, muss es direkt auf dem Gelände zu Kämpfen gekommen sein. Denn als die Farmbesitzer am nächsten Tag zurückkehren, bietet sich ihnen ein Bild der Zerstörung.

Besonders schlimm hat es die Tiere getroffen. «Sämtliche Gehege standen offen, die Hälfte der Tiere lag erschossen auf dem Boden, und die andere Hälfte war verschwunden», erzählt Frau Allner. Zu den geflohenen Pelztieren gehören auch die Waschbären. Aufgrund ähnlich perfekter Bedingungen wie in Hessen werden die Brandenburger Wälder von nun an ihr neues Zuhause. Denn auch hier gibt es Platz, Futter und Ruhe und niemanden, der ihnen an den Kragen will. Was damals das Ende der Pelztierzucht vor den Toren Berlins bedeutet, ist der Anfang der amerikanischen Waschbärenclans in Brandenburg und Berlin.

Die Orgien des Kaisers

I n den Grunewald geht der Berliner, um sich zu erholen. Viel frische Luft, jede Menge Grün und vor allem Ruhe findet der Großstädter in dem gut dreitausend Hektar großen Waldgebiet im Westen Berlins. Spaziergänger, Hundebesitzer und Sportler zieht es besonders an den Wochenenden in Massen in den Grunewald. Dass sich die Gegend wunderbar zur Erquickung und körperlichen Ertüchtigung eignet, wussten auch die, die bereits vor fast einem halben Jahrtausend durch das Dickicht ritten. Kurfürst Joachim II. von Brandenburg lässt sich im Jahr 1542 mitten im Wald ein Jagdschloss im Stil der Frührenaissance errichten. «Zum grünen Wald» nennt er seinen abgelegenen Zweitwohnsitz.

In den nächsten Jahrzehnten entwickelt sich das Schlösschen am Grunewaldsee zu einer der beliebtesten Freizeitstätten der märkischen Kurfürsten und späteren preußischen Könige. Nur Friedrich der Große erweist sich als ein Spielverderber. Ganz im Gegensatz zu seinem Vater, dem Soldatenkönig Friedrich Wilhelm I., der die Jagd liebte und den Sohnemann oft mitzukommen nötigte, lehnt der eher musisch und kulturell interessierte Friedrich die Jagd als

Zeitvertreib ab. Für ihn ist sie schlicht «eine von den sinnlichen Ergötzlichkeiten, die den Leib sehr bewegen und den Verstand nicht verbessern». Gegen Ende des 19. Jahrhunderts aber wird das Schloss immer seltener als Basis für die kaiserlichen Jagdausflüge genutzt. Grund sind die neuen Villenviertel, die mitten im Jagdrevier entstehen. Und auch die Berliner, die immer öfter für einen Spaziergang in den Wald fahren, stören die adligen Waidmänner.

Heute, rund ein Jahrhundert nach dem Ende des deutschen Kaiserreichs, ist im ältesten erhaltenen Schlossbau Berlins ein Museum der Stiftung Preußische Schlösser und Gärten untergebracht. In den leeren Räumen hängen großformatige Ölbilder, die Jagdszenen und die Kurfürsten, Könige und ihre Verwandten zeigen. Doch so brav und gesittet, wie dieser Ort sich heute präsentiert, war er nicht immer. Und die von Friedrich dem Großen angeprangerten «sinnlichen Ergötzlichkeiten» beschränkten sich keinesfalls nur auf die Jagd. Denn auch im Schloss sollen es die adligen Bewohner ziemlich wild getrieben haben, lauten die Gerüchte. Von ausschweifenden Partys und gar Sexorgien ist die Rede. Was genau ist also hinter den alten Mauern passiert?

«Es war ein Schloss, das oft für private Feiern genutzt worden ist, und was da so vonstattenging, das weiß man natürlich nicht so genau», sagt der heutige Kastellan, der Schlossverwalter Björn Ahlhelm, bei einer Führung durch die Räume. Von einer Begebenheit jedoch muss er immer wieder erzählen, denn vor wenigen Jahren wurde sie überhaupt erst aufgedeckt und sorgte sogar mehr als ein Jahrhundert später erneut für Schlagzeilen. Es handelt sich um den größten Skandal des wilhelminischen Zeitalters, eine Sexaffäre, die die höchsten kaiserlichen Kreise erschütterte.

Das Drama nimmt seinen Anfang, als sich an einem Win-

terabend im Jahr 1891 eine Gruppe Adliger zu einer Schlit-
tenfahrt trifft. Ihr Ziel ist das im verschneiten Grunewald
gelegene Jagdschloss. Draußen herrschen Minusgrade,
doch drinnen unter Hirschgeweihen und vorm knisternden
Kamin geht es bald heiß her. Bis tief in die Nacht amüsieren
sich sechs Frauen und neun Männer – alle Mitglieder des
engsten Zirkels um Wilhelm II. Es wird getrunken, gelacht
und getanzt, und bald schon fallen die Gehröcke und Rü-
schenkleider und mit ihnen auch die letzten Hemmungen.
Besonders pikant, da damals noch unter Strafe verboten:
Auch Männer vergnügen sich in dieser Nacht ausgiebig mit
Männern.

In welchen Zimmern des Schlosses sich die adlige Orgie
genau ereignet habe, könne man heute nicht mehr eindeutig bestimmen, sagt Kastellan Ahlhelm. «In den Inventar-
verzeichnissen gibt es zwar genaue Beschreibungen der
Räume, aber wie sie konkret genutzt wurden, das weiß
man nicht.» Vermutlich habe man sich für die ganz intimen
Momente in den ersten Stock zurückgezogen, wo schon
zu Zeiten des Kurfürsten Joachim II. die Privatgemächer
der Adelsfamilie untergebracht waren. Und ganz sicher sei
diese Party im Winter 1891 auch nicht die erste und einzige
ihrer Art im Jagdschloss gewesen, sagt Ahlhelm.

Das Jagdschloss als Swingerclub der kaiserlichen Elite –
es wäre wohl längst in Vergessenheit geraten, wäre der Historiker Tobias Bringmann nicht zufällig darauf gestoßen.
Mitte der 1990er Jahre arbeitet er an seiner Dissertation mit
dem Titel «Reichstag und Zweikampf». Ein Thema, das auf
den ersten Blick gar nichts mit einem handfesten Sexskandal zu tun zu haben scheint. Im Zentrum seiner Recherchen
stehen Reichstagsdebatten über die Duellkultur Berliner
Adliger Ende des 19. Jahrhunderts. Eine Hauptrolle dabei

spielt ein gewisser Leberecht von Kotze. Der Mann mit dem markanten Namen arbeitet als Zeremonienmeister am Hof von Kaiser Wilhelm II. Er organisiert Feste, Feiern und Ausflüge für die Hofgesellschaft und gilt viele Jahre als einer der engsten Vertrauten seiner Majestät. Aber von Kotze ist auch ein besonders stolzer und vor allem hitzköpfiger Ehrenmann, der in diverse Schießduelle verwickelt ist. Und genau diese Vorfälle beschäftigen damals auch die Reichstagsabgeordneten und lösen eine Diskussion über den Ehrenkodex der Adligen aus.

Aber wie kommt der persönliche Eventmanager des Kaisers überhaupt in die gefährliche Situation, seine Ehre im Duell verteidigen zu müssen? Bringmann forscht in den preußischen Archiven und findet schließlich die Untersuchungsakten zum Fall von Kotze. Als er sie öffnet, traut er seinen Augen nicht: Vor ihm liegen Briefe voller detaillierter pornographischer Beschreibungen sowie Fotos und Zeichnungen des wilden Treibens auf dem Jagdschloss Grunewald. Die Bilder zeigen Paare in voller Aktion, in den unterschiedlichsten Positionen und Konstellationen, und in den Briefen ist sogar die Rede von der Neunundsechziger-Stellung und Gruppensex. Bringmann ist schockiert: «Ich hatte ein anderes Bild von der Kaiserzeit, die doch durch die protestantische, pietistische Prägung als sehr prüde galt», erzählt der Historiker. Die Adressaten dieser Briefe sind neben besagtem Leberecht von Kotze hochrangige Mitglieder der kaiserlichen Hofgesellschaft, auch der Schwager und die Schwester des Kaisers finden sich darunter. Aus den Dutzenden anonymen Briefen, Bildchen und Fotos sowie den Untersuchungsprotokollen wird klar: Sie alle gehören zu einer extrem freizügigen und experimentierfreudigen Swingerclique, die sich regelmäßig im Grunewald getroffen hat.

«Je mehr ich nachgestochert habe, umso mehr hat sich aufgetan», erzählt Bringmann. So findet er heraus, dass jene Adligen, die sich im Winter 1896 im Jagdschloss miteinander vergnügen, am nächsten Morgen allesamt ähnliche Post erhalten. Besonders unangenehm: Sie sind bei weitem nicht die Einzigen, die diese Briefe zu Gesicht bekommen. Wie in den meisten herrschaftlichen Häusern üblich, wird die Post von den Dienstboten geöffnet und auf einem Tablett präsentiert. Dadurch geraten jede Menge pikante Gerüchte in Umlauf. Aber der anonyme Briefeschreiber geht noch weiter und schickt das verfängliche Material auch an wichtige Zeitschriften wie die vor allem in Berlin viel gelesene «Vossische Zeitung». Ein gefundenes Fressen für die Presse. Um es sich nicht gänzlich mit dem Kaiserhof zu verscherzen, einigen sich die Herausgeber jedoch darauf, zwar über den Inhalt zu berichten, aber auf jegliche Namen von Beteiligten zu verzichten. Durch die Zeitungsartikel angefeuert, brodelt es in der Berliner Gerüchteküche umso heftiger.

Im Zentrum der Lästerattacken steht die Frau von Graf Friedrich von Hohenau, einem schwulen Großonkel des Kaisers. Während sich ihr Mann mit anderen Männern vergnügt, stürzt sie sich in eigene Abenteuer mit Fürsten und Grafen – nicht selten auch mit mehreren gleichzeitig. Unter ihren Liebhabern sind der spätere Reichskanzler Max von Baden sowie Herbert von Bismarck, Staatssekretär im Auswärtigen Amt. Schon bald ist klar, dass der Verfasser der Briefe ein Insider sein muss, der nicht nur über eine außerordentliche Beobachtungsgabe verfügt, sondern gnadenlos gegen die Mitglieder des kaiserlichen Hofstaats intrigiert.

«Die beschriebenen Personen sollten nicht nur diskreditiert werden, sondern es wurde damit regelrecht Personalpolitik betrieben, mit dem Ziel, bestimmte Menschen auszuschalten», bestätigt Bringmann. Obwohl Wilhelm II. in keinem der Briefe genannt wird – dabei war damals längst bekannt, dass der Kaiser selbst keine Gelegenheit ausließ, seine sexuellen Vorlieben auszuleben –, werden die Briefe zu einer Bedrohung seiner Macht. Denn der Sexskandal vom Grunewald betrifft seinen gesamten Hofstaat, damals noch ein mächtiges politisches Gegengewicht zum erstarkenden Bürgertum und seinen eigenen gesellschaftlichen Ambitionen. Das unmoralische Treiben der wilhelminischen Elite kommt den bürgerlichen politischen Parteien daher gerade recht.

Also ordnet der Kaiser eine schnelle Ermittlung an, um den Verfasser ausfindig zu machen. Friedrich von Hohenau und sein Kompagnon Karl von Schrader, ebenfalls Zeremonienmeister und damit Kollege von Leberecht von Kotze, bilden eine interne Ermittlungsgruppe. Bald schon liefern sie den erwünschten Fahndungserfolg: Im Papierkorb im Büro der beiden Zeremonienmeister finden sie einen Durchschlag der Briefe. So steht für die Ermittler fest: Nur Leberecht von Kotze kann ihr Urheber sein. Ausgerechnet einer der engsten Vertrauten des Kaisers. Da Leberecht von Kotze zudem als Lästermaul gilt, scheint der wahre, zumindest aber der passende Täter gefunden zu sein. Trotz der eher dünnen Indizienlage – die Beweise könnten ihm schließlich leicht untergeschoben worden sein – wird von Kotze auf Befehl des Kaisers verhaftet und eingesperrt.

Doof nur, dass die adligen Swinger weiterhin Briefe erhalten, obwohl von Kotze längst in Haft sitzt. «Damit war klar, der Kaiser hatte das Recht gebeugt, denn sein ehemaliger Vertrauter und Zeremonienmeister war nachweislich unschuldig», sagt Bringmann heute. Ein Militärstrafverfahren, das eingeleitet wird, spricht von Kotze frei, und der Ruf des Kaisers bekommt weitere Kratzer.

Wieder auf freiem Fuß, macht sich der ehemalige Zeremonienmeister an seine Ehrenrettung und fordert seine Ankläger zum Duell heraus. Mittlerweile sind einige Jahre ins Land gegangen. Trotz der Gerüchte und der anonymen Briefe, die weiterhin in die Herrschaftshäuser flattern, treffen sich die Adligen immer noch regelmäßig zu ihren Sexpartys im Grunewald und an anderen abgelegenen Orten. «Wahrscheinlich würde man nach heutigen Maßstäben anders handeln», sagt Bringmann, aber damals habe man eben keine Erfahrung mit solchen Affären gehabt und deshalb auch kein Krisenmanagement betrieben. «Und auf das erotische Vergnügen verzichten, das erschien den Swingerfreunden als die schlechteste aller Varianten», mutmaßt der Historiker. Leberecht von Kotze ist zu diesem Zeitpunkt längst nicht mehr Teil des lasterhaften Kreises – er sinnt auf Rache.

1895, vier Jahre nach der ersten dokumentierten Orgie, kommt es zum Duell zwischen den ehemaligen Kollegen von Kotze und von Schrader. Mit Armeepistolen bewaffnet, feuern sie frühmorgens im Wald in zehn Schritt Entfernung aufeinander. Beide haben Glück, keine einzige Kugel trifft. Beim zweiten Duell einige Zeit später – dieses Mal fordert von Kotze einen weiteren Komplizen seiner Ankläger heraus – erleidet der ehemalige Zeremonienmeister eine Schussverletzung am Oberschenkel. Selbst der Kaiser ist von so viel Ehrgefühl beeindruckt und lässt seinem ehemaligen Vertrauten ein Blumenarrangement in Form eines Ostereis zukommen. Doch von Kotze pocht weiterhin auf die Gerechtigkeit und versucht es mit einer Verleumdungsklage gegen seinen Erzfeind von Schrader. Dieser antwortet mit

einer erneuten Duellaufforderung. Längst ist der Streit der
Ehrenmänner zum Stadtgespräch Nummer eins geworden
und begeistert die Berliner Gesellschaft mehr, als sie der Sexskandal empört hat. Die Zeitungen schreiben über den Ausgang der Duelle, kündigen die neuen an und verraten sogar
Zeit und Ort – mit fatalen Folgen: «Morgens um vier fand
sich eine Riesenansammlung von Menschen im Potsdamer
Wald zusammen, um einmal bei einem Duell zugucken zu
können. Sie hatte sogar Picknickkörbe dabei», erzählt Historiker Bringmann. Das angekündigte Duell muss daraufhin verschoben werden. Die SPD- Zeitung «Vorwärts» kom-
mentiert damals sarkastisch: «Das Duell zweier Nullen». Als
es schließlich doch vollzogen wird, endet es tödlich für von
Kotzes Gegner von Schrader. Er stirbt an den Folgen eines
Unterleibsschusses, womit die sogenannte «Kotze-Affäre»
ihren blutigen Höhepunkt erreicht.

Die Identität des wahren Briefeschreibers ist zu diesem
Zeitpunkt immer noch nicht geklärt. Doch die Erinnerungen an die Affäre verblassen immer mehr und verschwinden schließlich mit dem Untergang des Kaiserreiches in den
Archiven. Erst die Recherchen von Bringmann könnten den
geheimnisvollen Absender möglicherweise postum ent-
tarnt haben: Charlotte von Meiningen, geborene Charlotte
von Preußen – die jüngere Schwester des Kaisers. «Eine
hochintelligente und lebenslustige Frau», sagt Historiker
Bringmann. Doch gleichzeitig gilt sie selbst in ihrer Familie
als eine «intrigante Weibsperson», über die sich sogar ihre
eigene Mutter wiederholt beklagt. Für Charlotte spricht
laut Bringmann außerdem, dass in all den Briefen niemals
der Kaiser erwähnt wird. War er also möglicherweise doch
Teil der Sexorgien, wurde aber durch seine Schwester ge-
schützt? In jedem Fall sprengen die Briefe den Kreis von Ver-

trauten um den Kaiser, bestehend unter anderem aus dem schwulen Grafen von Hohenau, dessen Frau sowie dem geschassten Zeremonienmeister von Kotze. War die kaiserliche Schwester möglicherweise eifersüchtig und wollte sie die angeblich falschen Freunde ihres Bruders loswerden? All diese Fragen wird vermutlich niemand mehr endgültig beantworten können, sie bleiben wohl für immer ein Geheimnis der alten Mauern im Grunewald.

Hitlers roter Marmor

D er Weg der U-Bahn-Linie 2 von Pankow im Osten nach Ruhleben im Westen kann als Hauptschlagader von Berlin bezeichnet werden. Sie verbindet nicht nur Ost und West, sondern führt auch zu den populärsten Orten der Hauptstadt. Darunter der Alexanderplatz, der Potsdamer Platz, der berühmt-berüchtigte Bahnhof Zoo oder das Olympiastadion. Nicht nur deswegen lohnt sich für Touristen eine ausgedehnte Fahrt mit der U2, auf dieser Strecke befinden sich auch die schönsten U-Bahnhöfe Berlins.

Die Haltestelle Märkisches Museum in Mitte etwa, die mit ihrem hohen gefliesten Gewölbedach und den stilisierten Stadtplänen an den Wänden an eine mondäne Ausstellungshalle erinnert. Der pittoreske Bahnhof Wittenbergplatz am Kurfürstendamm mit den edlen holzvertäfelten Verkaufsbuden. Und der U-Bahnhof Mohrenstraße mit seiner legendären roten Marmorverkleidung. Für viele Berliner ist diese Haltestelle die schönste der ganzen Stadt. Doch angeblich überschattet ein dunkles Geheimnis diesen Ort. Seit Jahrzehnten geht das Gerücht um, das edle Gestein habe einen unheimlichen Ursprung. Dieser rote Marmor soll einst Adolf Hitler gehört haben.

Genauer gesagt soll der rote Marmor aus der Neuen Reichskanzlei stammen, dem Regierungsgebäude des Diktators, das sich ganz in der Nähe des heutigen U-Bahnhofs befand und von dem heute nichts mehr zu sehen ist. Siebzig Jahre nach Kriegsende stehen dort moderne Bürogebäude und Wohnanlagen sowie verschiedene Landesvertretungen. Nur noch eine Tafel der Stiftung Topographie des Terrors erinnert an das Mammutbauwerk der Nationalsozialisten, das nach den Plänen des obersten Naziarchitekten Albert Speer entstanden ist. Ein mehr als vierhundert Meter langer, massiver Kasten aus Stahl und Beton, der sich entlang der gesamten Voßstraße in Berlin-Mitte erstreckte. 1940 galt die Reichskanzlei als das größte zusammenhängende Regierungsgebäude der Welt und war zugleich erster und einzig fertiggestellter Bestandteil von Hitlers monströser Welthauptstadtvision «Germania».

Historiker bezeichnen den Baustil der Neuen Reichskanzlei heute als Einschüchterungsarchitektur. Doch nicht nur von außen wirkte das Bauwerk bedrohlich. Auch jeder Besucher, der eingelassen wurde, sollte sofort spüren, mit wem er es hier zu tun hatte. Wer zum Reichskanzler vorgeladen wurde, musste die sogenannte «Diplomatenroute» zurücklegen. Diese führte durch mehrere Säle mit bis zu sechzehn Meter hohen Decken und Wänden, die mit kostbaren Mosaiken und edlen Holzverkleidungen verziert waren. Das Kernstück der Diplomatenroute war gleichzeitig ihr Höhepunkt: eine knapp hundertfünfzig Meter lange Marmorgalerie, ausgekleidet mit glänzenden dunkelroten Steinplatten.

Und ebendiese Marmorplatten sollen nach Ende des Zweiten Weltkrieges klammheimlich im U-Bahnhof Mohrenstraße verbaut worden sein? Wer also heute an dieser

Haltestelle in die U2 einsteigen will, der wartet sozusagen in den Überresten von Adolf Hitlers Vorzimmer? Ein gruseliger Gedanke, wenn diese düstere Legende wirklich wahr sein sollte.

«Genau genommen ist das kein echter Marmor, sondern nur ein einfacher Kalkstein», erzählt Gerda Schirrmeister auf ihren Führungen durch den U-Bahnhof Mohrenstraße. Die Berliner Geologin und Stadtführerin kennt so ziemlich jeden Naturstein, der in Berlin verbaut ist. Und bei diesem Kalkstein handele es sich um Saalburger Marmor, benannt nach dem Steinbruch in Thüringen, wo er abgebaut werde. «Die kräftige rote Farbe entsteht durch die Oxidation des Eisens im Gestein», ergänzt die Steinexpertin. Dass sowohl im U-Bahnhof als auch in der Neuen Reichskanzlei Saalburger Marmor verbaut worden ist, das steht für Schirrmeister fest. Aber handelt es sich tatsächlich um dieselben Marmorplatten?

Gerda Schirrmeister will diese Möglichkeit zumindest nicht ausschließen: «Es gibt da einen Zeugen: den Telefonisten Rochus Misch. In den letzten Kriegstagen war er Mitglied von Hitlers persönlicher Leibgarde.» Misch hatte in den Jahren zuvor schon als Personenschützer, Kurier und Dienstbote in Hitlers Machtzentrum gedient. Die letzten Monate des Krieges verbringt er mit der Nazielite im Führerbunker, der sich unter dem Garten der Neuen Reichskanzlei befindet. Im Gegensatz zu den meisten anderen im Führerbunker überlebt Misch das Kriegsende und wird von den sowjetischen Besatzern gefangen genommen. In seinem Buch «Der letzte Zeuge», das er Jahrzehnte später über diese Zeit geschrieben hat, erwähnt er tatsächlich auch den Marmor aus der Reichskanzlei. Als er Anfang der Fünfziger erstmals den rot ausgekleideten U-Bahnhof Mohrenstraße

sieht, ist für ihn klar: Es muss der Marmor aus der Reichskanzlei sein.

Aber die Geschichte von Rochus Misch hat einen Haken.
Er hat die Jahre nach Kriegsende in einem sowjetischen Militärgefängnis verbracht. Er kann also weder den Bau des
U-Bahnhofes verfolgt haben, noch kann er wissen, was mit
Hitlers Zentrale in der Zwischenzeit passiert ist, denn bei
seiner Rückkehr 1953 ist das Nazigebäude bereits spurlos
verschwunden. Auf Befehl der sowjetischen Besatzungs-
macht, in deren Zone sich das Areal befindet, wird das
durch Bomben und Granaten beschädigte Gebäude in den
Nachkriegsjahren komplett abgetragen.

Auch der U-Bahnhof Mohrenstraße, der zu diesem Zeitpunkt noch Kaiserhof heißt, wurde von den Bombenangriffen zerstört. Doch er soll im Gegensatz zur Reichskanzlei
wiederauferstehen. In Form einer repräsentablen U-Bahn-
Station nach Vorbild der Moskauer Metro. Die im Stil des
sozialistischen Klassizismus errichteten U-Bahnhöfe Mos-
kaus wirken wie prächtige Paläste. Durch steinerne Torbö-
gen erreichen die Fahrgäste den Bahnsteig, von den Decken
hängen Kronleuchter, und die Wände zieren Stuck, Gemälde
und Mosaike. Das bevorzugte Baumaterial ist Marmor in
den verschiedensten Varianten. Dem U-Bahnhof Kaiserhof
soll nach den Vorstellungen der sozialistischen Machthaber
ebenfalls so eine Schönheitskur verpasst werden. Auch einen neuen Namen soll das zukünftige Prunkstück der Ostberliner U-Bahn bekommen: Thälmannplatz. Zu Ehren des
Vorsitzenden der Kommunistischen Partei in der Weimarer
Republik Ernst Thälmann.

Die räumliche Nähe und die zeitliche Überschneidung von
Bahnhofsbau und Abriss der Reichskanzlei sprechen durchaus dafür, dass der rote Marmor aus der benachbarten Rui-

ne verwendet worden sein könnte. «Natürlich ist nach dem Krieg aus den Trümmern von Nazibauten Neues entstanden, das hatte ganz praktische Gründe», sagt Prof. Dr. Hans-

Letzte Handgriffe vor der Eröffnung des U-Bahnhofs Thälmannplatz im Jahr 1950 – ob die Arbeiter wohl wissen, woher der Marmor stammt?

Ernst Mittig, Kunsthistoriker und ehemaliger Dozent an der Berliner Hochschule der Künste. Da in solchen Gebäuden vor allem festes Natursteinmaterial verwendet worden sei, eignete es sich zum Beispiel hervorragend zum Unterbau von Straßen. So hält Mittig es auch für wahrscheinlich, dass aus der Ruine der Reichskanzlei Baumaterial entnommen worden ist, insbesondere der rote Marmor. Bilder aus der Nachkriegszeit zeigen durchaus verwertbare Überreste.

Und in dem Film des italienischen Regisseurs Roberto Rossellini «Deutschland im Jahre Null», der 1947 in Berlin gedreht wird, spielen einige Szenen erkennbar in der Ruine der Reichskanzlei, die offen und für jeden zugänglich gewesen zu sein scheint. Denn erst im Februar 1949 beginnen Rückbauspezialisten mit dem kompletten Abtragen des Gebäudes. Kurze Zeit später entsteht der U-Bahnhof Thälmannplatz.

Als eines der Prestigeprojekte der Ostberliner Führung wird dieser U-Bahnhof in einer Rekordzeit von nur 108 Tagen gebaut. Ein Kraftakt, der die Planer und Arbeiter unter Druck gesetzt haben muss. Warum sich also nicht der Einfachheit halber aus der Ruine in der Nachbarschaft bedienen? Doch Professor Mittig hat bei seinen Recherchen auch Quellen gefunden, die etwas anderes nahelegen. Ihnen zufolge ist der Marmor für den U-Bahnhof direkt aus Thüringen angeliefert worden.

So schreibt die «Berliner Zeitung» am 19. August 1950, dem Tag der feierlichen Eröffnung des U-Bahnhofs Thälmannplatz: «Bis zur letzten Minute seien die Arbeiter auf diesem Bahnhof am Werk gewesen und die letzten Arbeiten erst in der vergangenen Nacht aus Thüringen eingetroffen, erklärte der leitende Direktor der BVG.»

Weitere Lokalzeitungen wie die «Tägliche Rundschau»

und die «Neue Zeit» berichten ebenfalls vom Transport des Marmors von Thüringen nach Berlin. Und es gibt noch ein weiteres Indiz, das gegen die Legende vom Marmor aus Hitlers Reichskanzlei spricht: ein nichtöffentliches Schreiben der Ostberliner Verkehrsbetriebe an den damaligen Magistrat von Berlin, das heute im Landesarchiv Berlin einzusehen ist. Darin heißt es: «Die Arbeiten beim U-Bahnhof (Thälmannplatz) nehmen, bis auf die Marmorarbeiten der Wände, einen planmäßigen Verlauf. Hauptschwierigkeiten lagen beim Zerschneiden der Marmorblöcke, da Marmorwerke in schwieriger Lage wegen Sägeblätter.»

Ausdrücklich ist hier von Marmorblöcken die Rede. Doch Bilder von der Neuen Reichskanzlei zeigen deutlich, dass dort Marmorplatten verbaut wurden. Trotzdem wollen sich Experten wie der Kunsthistoriker Ernst Mittig nicht festlegen, dass definitiv kein Marmor aus dem Nazibauwerk in der Verkleidung des neuen U-Bahnhofs gelandet ist, denn es bleiben Fragen offen: Hatten die Zeitungen damals politische Gründe, nur den Marmor aus Thüringen zu erwähnen? Und hat man nicht vielleicht doch, als die Eröffnung kurz bevorstand und alles schnell gehen musste, ein paar Marmorplatten aus der Reichskanzlei verwendet und zwischen dem neuen Marmor aus Thüringen verbaut? Die Antworten sind im wahrsten Sinne des Wortes in Stein gemeißelt, doch der Nachwelt werden sie wahrscheinlich für immer verborgen bleiben.

Die verschwundenen Waagen

Manche Dinge fallen einem erst auf, wenn sie nicht mehr da sind. Wie die gelben Telefonzellen, die zunächst von den magentafarbenen Multimediaboxen und schließlich mehr oder weniger vollständig von Handys und Smartphones abgelöst wurden. Oder die mechanischen Parkuhren in der Innenstadt, in die man passendes Kleingeld einwerfen musste, um dann das Metallrädchen auf die jeweilige Parkdauer einzustellen.

In Berlin sind es die alten Personenwaagen in den U- und S-Bahnhöfen, die vor ein paar Jahren auf einmal verschwanden. Viele davon waren richtige Schmuckstücke, teilweise bis zu hundert Jahre alt. Ein kastenförmiger, mannshoher Apparat aus Eisen, mal rot, grün oder beige lackiert. In der Mitte befand sich eine runde Glasscheibe mit einer Kreisskala dahinter, auf der sich der Zeiger bewegte. Zwei Griffe an den Seiten halfen beim Aufstieg auf das kleine Podest.

«Personenwaage mit Kartenausgabe», stand auf vielen in Metalllettern geschrieben, manchmal außerdem der weise Rat: «Oftmals sich wiegen und danach leben, wird Dir lange Gesundheit geben.» Oder auch schon mal weniger dezent: «Prüfe Dein Gewicht.» Wer es darauf ankommen ließ, sich in aller Öffentlichkeit zu wiegen, hatte anschließend seine Kilos schwarz auf weiß. Der Automat spuckte dann nämlich einen kleinen Zettel mit dem Gewicht aus, vorausgesetzt, er wurde vorher mit der passenden Münze gefüttert. Was aber ist mit diesen Zeugen einer längst vergessenen Zeit passiert? Warum sind sie aus Berlins Bahnhöfen verschwunden?

Die erste dieser öffentlichen Waagen taucht im Jahr 1913 auf. In Berlin herrscht zu dieser Zeit ein regelrechter Automatenboom. Ausgelöst hat ihn einige Jahre zuvor ein Kölner Schokoladenhersteller. Ludwig Stollwerk, gerade erst zum Geschäftsführer des Familienunternehmens aufgestiegen, kehrt im Jahr 1887 begeistert von einer USA-Reise ins Rheinland zurück. Denn bei den Amerikanern hat er zum ersten Mal einen Münzautomaten gesehen. Sein Plan: Seine Schokoladentäfelchen sollen bald auch mit solchen Geräten an den Mann, die Frau und vor allem an die Kinder gebracht werden. Er macht sich also auf die Suche nach den besten Tüftlern im ganzen Land.

Darunter ist auch der Ingenieur und Patentanwalt Max Sielaff aus dem Berliner Norden, dem heutigen Prenzlauer Berg. Gerade erst hat er einen «selbsttätigen Verkaufsapparat» patentieren lassen. Mit Stollwerk zusammen entwickelt er einen neuen Automaten für dessen Schokoladenprodukte. «Merkur» heißt der rote Koloss aus Eisenguss und Metall, der 1889 vorgestellt wird und dessen Design an den Kölner Dom erinnern soll. «Merkur» wird ein großer Erfolg für die Schokoladenproduzenten und den Berliner Ingenieur. Zusammen mit dem Gehäusehersteller Bergmann aus Baden gründen sie die Deutsche Automatengesellschaft, kurz DAG. Schon bald folgen unzählige weitere Aufträge.

So werden gegen Ende des 19. Jahrhunderts bereits die unterschiedlichsten Dinge in Automaten verkauft: Cognac,

Duftwasser, Zigarren und Zigaretten sowie Bücher und Bonbons. Es gibt nahezu nichts, was nicht in Fächern verstaut und per Münze gezogen werden kann. Das von Sielaff entwickelte und patentierte Prüfsystem sorgt für weiteren Erfolg des Unternehmens. Damit kann ein Automat nun erstmals nicht nur das richtige Geldstück, sondern auch die passende Anzahl erkennen.

Das größte Aufsehen in der damaligen Handelswelt erregt Sielaff jedoch im Jahr 1896 auf der Internationalen Gewerbeausstellung in Berlin. Dort präsentiert er ein ganzes Automatenrestaurant. Warme Würstchen, Suppe, Kaffee, Bier und noch vieles mehr können nun aus den modernen Geräten bezogen werden – Kellner und Köche sind überflüssig. Es gibt sogar eine kleine mechanische Musikkapelle, die nach Münzeinwurf für die passende Stimmung sorgt. Das Automatenrestaurant aus dem Hause Sielaff ist eine Sensation und wird weltweit bekannt. Zwei Jahre später gibt es bereits fünfzig in Deutschland, viele weitere in ganz Europa und den USA folgen.

Die Menschen sind fasziniert von den Maschinen, die ihren Alltag verändern. Alles wird «automatisiert». Bald wird sogar ein Heiratsautomat erfunden. Dessen Funktion beschreibt Egon Erwin Kisch, der rasende Reporter der Weimarer Republik, in einer seiner Reportagen: ein gläserner Kasten, in dem Fotos von heiratswilligen Damen hängen, samt Informationen zu Höhe der Mitgift und ihren Charaktereigenschaften. Nach Münzeinwurf zieht man sich das ausführliche Portfolio einer dieser Damen heraus und kontaktiert die potenzielle Zukünftige – vorausgesetzt, sie gefällt. In der umgekehrten Version, also mit heiratswilligen Männern im Schaukasten, soll es diesen Automaten übrigens auch gegeben haben.

Da wundert es nicht, dass so etwas vergleichsweise Banales wie das Wiegen nun auch automatisiert wird. Die erste vollautomatische öffentliche Personenwaage in Berlin wird am U-Bahnhof Alexanderplatz aufgestellt, weitere verteilen sich in der ganzen Stadt. Besonders skurril sind die Waagen mit integriertem Schokoladenverkauf. Wer sich für zehn Pfennig wiegen lässt, bekommt hinterher nicht nur ein Zettelchen ausgespuckt, sondern auch ein Täfelchen Stollwerk-Schokolade. Und das unabhängig vom Gewicht. Die Waagen auf den Bahnhöfen sind beliebt bei den Berlinern, kaum jemand hat damals eine eigene zu Hause. Insgesamt 58 Stück stehen zu Höchstzeiten in den Wartebereichen der U-Bahnen in ganz Berlin, die meisten mechanisch, manche aber auch elektrisch betrieben.

Auch am Bahnhof Rathaus Schöneberg stand einst eine historische Personenwaage.

Doch im Laufe der Jahre beginnt der Siegeszug der privaten Hauswaage, und das öffentliche Wiegen ist plötzlich nicht mehr jedermanns Sache. Aber ihren nostalgischen Charme behalten die Waagen, und deshalb bleiben sie ein Bestandteil des Stadtbildes. Stoisch – aber immer seltener – verrichten sie ihren Dienst bis ins Jahr 2011. Stolze 27 öffentliche voll funktionsfähige Personenwaagen existieren bis dahin noch in Berlin, aber dann sind sie von einem Tag auf den anderen verschwunden. Auf den Berliner Bahnhöfen und Haltestellen erinnert nur noch ein heller Fleck am Boden an ihre Existenz – als wären sie vom Erdboden verschluckt worden.

Auch die Mitarbeiter der Berliner Verkehrsbetriebe können nur bestätigen, dass es mittlerweile keine einzige historische Waage mehr in den Berliner U-Bahnhöfen gibt. Aber wo die Automaten sich heute befinden, darüber können sie nichts Genaueres sagen. Doch immerhin lässt sich ein Name in Erfahrung bringen: Peter Schulz. Er sei der Einzige gewesen, der etwas mit den Waagen zu tun hatte. Aber unter seiner Nummer meldet sich nur noch Jeanette Schulz. Ihr Mann sei vor einigen Jahren verstorben, erzählt sie. Doch bis zuletzt habe er sich persönlich um die Wiegeautomaten gekümmert. «Ein Vierteljahrhundert lang gab es für ihn nichts Wichtigeres als seine Waagen», erinnert sich die Witwe.

Dabei fing alles ganz klein an. Zu DDR-Zeiten, in den Achtzigern, übernimmt der Werkzeugmacher Peter Schulz die erste Waage in Ostberlin. Zunächst wartet er nur die Automaten im Ostteil der Stadt, doch nach dem Fall der Mauer sind es auch die in den Bahnhöfen im Westen. Aber so richtig viel Geld lässt sich mit den alten Kisten nicht mehr verdienen. «Am Ende reichte es nicht einmal mehr, um die

Standgebühr und die Stromkosten zu decken», erinnert sich Jeanette Schulz.

Peter Schulz ist das längst egal. Er liebt seine Waagen und freut sich jedes Mal aufs Neue, wenn er wieder eine zum Laufen bringt. Sein Geschäft ist ein reiner Ein-Mann-Betrieb. Fünf Tage die Woche ist er von morgens bis abends unterwegs und besucht seine Wiegeautomaten auf den Bahnhöfen. Immer mit dabei sein Rucksack mit dem Werkzeug. Viele Waagen werden beschmiert, zerkratzt und beschädigt. Schulz macht sie sauber, repariert sie und eicht das Gewicht. Doch dann wird er plötzlich schwer krank. Die Touren zu seinen Automaten werden seltener, bis er sie irgendwann ganz aufgeben muss. Schweren Herzens beschließt er, einen Nachfolger für das Gewerbe zu suchen. An allen Waagen hängen nun Zettel mit einem Verkaufsangebot. Doch niemand ist interessiert. Peter Schulz stirbt in dem Glauben, dass seine Schätze wohl auf dem Schrottplatz enden werden.

Doch kurz nach seinem Tod meldet sich ein Mann aus Montabaur in Rheinland-Pfalz bei Jeanette Schulz. Er stellt sich als Claus Borgelt vor und habe eine von Schulz' Waagen auf einem Foto im Internet entdeckt. Zu Jeanette Schulz' Überraschung ist der Anrufer ein leidenschaftlicher Waagensammler. Seiner Kollektion historischer Wiegeautomaten täte einer aus der Hauptstadt ganz gut, begründet er sein Interesse. «Ich bin von Station zu Station gefahren und hab mir alle Waagen angeguckt: wo sie aufgestellt sind, wie sie funktionieren.» Die Berliner Automaten faszinieren den Sammler sehr. «Eine nimmste auf jeden Fall mit, habe ich mir damals gedacht», so Borgelt. Aber aus einer einzigen Waage werden schließlich vierzig. Darunter die letzten 27 aus den Bahnhöfen sowie die restlichen dreizehn Exemplare aus der Werkstatt. Er habe einfach nicht widerstehen können, als er erfahren habe, dass die Waagen ansonsten verschrottet werden müssten, erzählt Borgelt.

Heute stehen die Wiegeautomaten in einer Lagerhalle in Borgelts Wohnort und werden dort wieder auf Vordermann gebracht. Zukünftig sollen sie bei Ausstellungen und in Museen gezeigt werden. Peter Schulz' unermüdlicher Einsatz war am Ende also doch nicht umsonst. Durch seine tägliche Pflege und Wartung hat er ein Stück Berliner Geschichte in die heutige Zeit gerettet.

Der unterirdische See

Berlin ist eine Wasserstadt. Fast sieben Prozent der Gesamtfläche besteht aus Wasser, das sind rund 59 Quadratkilometer, die von mehr als sechshundert Brücken überspannt werden. Damit steckt Berlin immerhin Venedig (mit 450 Brücken) locker in die Tasche. Zusätzlich zur Spree befinden sich allein siebzig Seen im gesamten Stadtgebiet, mehr als in jeder anderen Stadt in Deutschland. Ob nun mitten in der City, wie der Neue See im Tiergarten und der Plötzensee zwischen Wedding und Moabit, oder draußen in den Vororten, jeder Berliner hat seine Lieblingsbadestelle, und selbst in den heißen Sommermonaten wird es an kaum einem Badestrand so richtig eng.

Aber für einen einzigen Hauptstadtsee packt keiner seine Badehose ein. Seit Jahren kursiert das Gerücht, mitten im Stadtzentrum befände sich ein geheimer See. Geheim, weil er nicht oberhalb, sondern tief unter der Stadt liegen soll – gefüllt mit kristallklarem natürlichem Wasser. Den genauen Ort des unterirdischen Sees kennen nur die allerwenigsten.

Was unterrum so alles passiert, wissen die Geologen der Technischen Universität Berlin. Doktorandin Sarah Zeilfelder ist sogar Hydrogeologin. Sie beschäftigt sich also ausschließlich mit dem Wasser, das sich unter der Erde befindet. Doch von einem See unter den Straßen und Plätzen Berlins hat sie noch nie gehört. Sie kann aber bestätigen, dass unterirdische Seen an sich nicht ungewöhnlich sind. «Seen sind etwas ganz Banales, nämlich mit Wasser gefüllte Senken. Also sind unterirdische Seen im Grunde nichts anderes als Hohlräume, die irgendwann einmal vollgelaufen sind», sagt die Wissenschaftlerin. Doch damit so etwas auch passiere, müsse die Umgebung bestimmte Voraussetzungen erfüllen. Eine Idealbedingung für unterirdische Seen sei zum Beispiel Kalkstein. Denn diese Gesteinsart lasse sich sehr gut von durchtropfendem Wasser aushöhlen. So könne sich darin entweder Grundwasser sammeln oder auch Regen, der durch den Boden sickert.

Über die Zeit werde daraus ein sogenanntes Höhlengewässer. «So sind zum Beispiel die gigantischen Höhlensysteme und unterirdischen Seen auf der Schwäbischen Alb in Baden-Württemberg entstanden», erklärt Sarah Zeilfelder. Die Albhochfläche, die an einigen Stellen bis zu tausend Meter über dem Meeresspiegel liegt, besteht aus klüftigem, durchlässigem Kalkgestein. Wenn Regen fällt, sammelt er sich nicht in Flüssen, sondern versickert sofort in den Untergrund. Karstgebiete werden solche Gegenden genannt.

Aber Berlin befindet sich eben nicht in einem solchen Karstgebiet. Würde man direkt unter dem Reichstag bohren, stieße man auf eine zum Teil Hunderte Meter dicke Schicht aus Sand und Geröll – Überreste der letzten Eiszeit. Diese sogenannten Lockersedimente sind größtenteils Mitbringsel der riesigen Gletscher aus dem Norden Europas, die sich noch vor zehntausend Jahren bis zum Gebiet des heutigen Berlins erstreckten. Völlig untauglich für einen unterirdischen See. Unter diesen Umständen sei es eigentlich unmöglich, dass sich hier ein Höhlengewässer befinde, schlussfolgert die Hydrogeologin. Zumindest kein natürliches, ergänzt sie noch.

Denn falls da unten wirklich ein See existieren sollte, dann müsse er künstlich angelegt worden sein. Oder sich zum Beispiel in verlassenen U-Bahn-Schächten, Tunneln oder Bunkern angesammelt haben. Und davon existieren in Berlin bekanntlich so viele wie in keiner anderen deutschen Stadt. Doch in der weitverzweigten Unterwelt der Hauptstadt einen See zu finden, das kommt der berühmten Suche nach der Nadel im Heuhaufen nahe.

«Berlin ist durchlöchert wie ein Schweizer Käse», sagt Holger Happel, einer der wenigen Menschen, die sich im unterirdischen Berlin nahezu so gut auskennen wie oberhalb. Vierhundert Bunker gab es einmal in Berlin, davon sind bis heute nur noch 22 erhalten. Und um die kümmert sich Holger Happel in seiner Freizeit, denn er engagiert sich im Verein Berliner Unterwelten. «Auf unseren Exkursionen sind wir schon oft plötzlich durch Wasser in alten Hohlräumen gewatet. Besonders in Kreuzberg und Mitte», berichtet der Unterweltexperte.

Da Berlin in einem eiszeitlich geprägten Urstromtal liegt, befindet sich das Grundwasser nicht sonderlich tief unter der Erde. In Mitte steht es zum Beispiel nur zwei bis drei Meter unterhalb des Straßenniveaus. Da kann es schon mal vorkommen, dass sich unbenutzte unterirdische Anlagen mit Grundwasser füllen. Aber meist sind diese Wasseransammlungen maximal eine Handbreit tief. Doch vor fünfzehn Jahren werden einige Unterweltforscher doppelt überrascht. Und zwar in einem dreißig Meter hohen Hügel im Wedding.

Eine Expeditionsgruppe der Berliner Unterwelten will sich damals die Überreste eines alten Hochbunkers im

Volkspark Humboldthain genauer anschauen. Der Park befindet sich im Stadtteil Gesundbrunnen. Im Jahr 1876 wird er als Naherholungsgebiet für die Bewohner des dicht-bebauten Arbeiterviertels im Wedding eröffnet. Ganz im Sinne seines Namensgebers, des Naturforschers Alexander von Humboldt, soll der 29 Hektar große Park auch zur na-turkundlichen Bildung der Menschen dienen. Neben Spiel-wiesen und Sportplätzen pflanzen die Parkgestalter Bäume, Blumen und Büsche aus verschiedenen Teilen der Erde an. Doch in der NS-Zeit wird die idyllische Parklandschaft mit-ten im Arbeiterbezirk zu einem Schauplatz des Krieges.

Nachdem im Sommer 1940 erstmals britische Luftangriffe auf Berlin geflogen werden, beschließt der oberste Befehls-haber Adolf Hitler, an verschiedenen Stellen der Hauptstadt Luftabwehrtürme zu errichten, sogenannte Flaktürme. Laut den Recherchen der Historiker vom Unterwelten-Verein soll Hitler persönlich die Skizzen für die Flugabwehrstellungen gezeichnet haben. Die massiven Betonbauten erinnern an riesige mittelalterliche Festungen, jeweils zwei bilden ein Flakturmpaar.

Im Tiergarten und im Volkspark Friedrichshain ist der Bau der Türme nach nur wenigen Monaten abgeschlossen, ab Oktober 1941 beginnen die Arbeiten auch im Hum-boldthain – größtenteils mit Zwangsarbeitern und Kriegs-gefangenen. Im Norden des Parks entsteht der sogenann-te Gefechtssturm, knapp vierzig Meter hoch und mit einer Grundfläche von siebzig mal siebzig Metern, darauf sollen später die schweren Geschütze in Stellung gebracht werden. Etwa fünfhundert Meter weiter, an der Gustav-Meyer-Allee, reckt sich der sogenannte Befehlsturm etwa in der gleichen Höhe in den Himmel, jedoch ist seine Grundfläche etwas kleiner, und die Fundamente sind etwas weniger massiv.

Beide Bauten sind durch einen unterirdischen Gang verbunden. Hinter den meterdicken Betonwänden werden
auf den verschiedenen Etagen Munitionskammern, militärische Kommandozentralen und Soldatenunterkünfte
eingerichtet – aber auch Lazarette und Schutzräume für
die Menschen aus der Nachbarschaft. Bei Luftangriffen
drängen sich jedes Mal weit mehr als fünfzehntausend
Leute in den Bunkerräumen des Gefechtsturms. Laut den
Bunkerexperten der Berliner Unterwelten hätten allerdings
mit den enormen Summen, die der Turmbau verschlang,
zehnmal mehr «herkömmliche» Luftschutzplätze errichtet
werden können.

*Nach der misslungenen Sprengung wurden die Überreste
des Nazi-Flakturms im Humboldthain einfach zugeschüttet.*

Die Bombenangriffe auf die Stadt überstehen die gigantischen Betonklötze nahezu unbeschadet. Doch als unübersehbare Relikte des Nationalsozialismus sollen sie auf Beschluss der Alliierten nach Kriegsende aus dem Stadtbild verschwinden. Mit Dutzenden Tonnen Sprengstoff werden die Türme nacheinander zum Einsturz gebracht. Der Gefechtsturm im Humboldthain stellt sich dabei als extrem widerstandsfähig heraus. Nach mehreren Sprengversuchen fällt der südliche Teil in sich zusammen, doch der nördliche Teil des Flakturms bleibt unplanmäßig stehen – die Franzosen geben sich mit diesem Ergebnis trotzdem zufrieden.

Anschließend soll die Ruine noch zugeschüttet werden, mit Tausenden Lkw-Ladungen Trümmerschutt. Insgesamt 1,5 Millionen Tonnen landen auf den zerstörten Teilen des Flakturms, sie reichen aber nicht, um das ganze Bauwerk zu bedecken. Zwei massive Guckposten ragen bis heute aus dem inzwischen begrünten und bepflanzten Hügel heraus. Sie dienen als Aussichtsplattform, von der aus man einen weiten Blick Richtung Stadtmitte und Wedding hat. Lange war die Ruine unter dem Berg unzugänglich – bis sich eines Tages, mehr als ein halbes Jahrhundert nach Kriegsende, die Unterweltforscher tief in seinen Bauch hineingewagt haben.

«Alles war zubetoniert und zugemauert. Deshalb musste ein Tunnel gegraben werden, um sich Zugang in das Innere des Flakturms zu verschaffen», erzählt der Unterweltexperte Happel. Zwei Tage hätten sich seine Kollegen damals da unten umgeschaut und die Reste des Nazibauwerks dokumentiert. Als die Forscher das Erdgeschoss des ehemaligen Kriegsbauwerks erreichen, trauen sie ihren Augen kaum. In einer unzerstörten Munitionskammer stehen sie plötzlich vor einem riesigen spiegelglatten unterirdischen Wasserbecken, ungefähr fünfzig Quadratmeter groß und zwei Meter tief. Das Wasser ist so klar, dass der Grund gut zu erkennen ist. Ein Zeichen für natürliche Reinheit.

Und nach einer näheren Untersuchung der Umgebung wird den Entdeckern klar, dass dieser Pool tatsächlich wie ein natürlicher See entstanden sein muss. Ähnlich wie die Höhlengewässer im Bauch der Schwäbischen Alb. Auch im Flakturm ist der Regen von oben durchgesickert, und statt Buntsandstein oder Karst filterten Sand und Schutt das Wasser. Und da es nirgendwo ablaufen kann und deshalb kaum in Bewegung ist, sammelt es sich mittlerweile seit mehr als sechzig Jahren still und heimlich unter der Erde des Humboldthügels.

Sozusagen ein unterirdischer See, bei dem die Berliner unfreiwillig nachgeholfen haben. Er darf heute ausschließlich von erfahrenen Untergrundexperten besucht werden, zu gefährlich wäre ein Abstecher für einen Laien. Rund zweihundertfünfzig Berlinern kann das nur recht sein, denn die Ruine des Flakturms ist in der kalten Jahreszeit ihr Rückzugsort. Es handelt sich nämlich um das drittgrößte Winterquartier für die Fledermäuse der Hauptstadt.

Das Vermächtnis der Tempelritter

D as Tempelhofer Feld ist einmalig in der Welt. Eine riesige freie Grünfläche mitten in der Stadt. Zweihundertdreißig unbebaute Hektar, um Drachen steigen zu lassen, ungestört Rennrad und Inlineskates zu fahren oder die Kinder autofrei herumtoben zu lassen. Seit der legendäre Stadtflughafen 2008 für immer geschlossen wurde, ist das zugehörige Gelände zu einem der Lieblingsorte vieler Hauptstädter geworden.

Gleich nebenan liegt der Stadtteil, dem das Feld seinen Namen zu verdanken hat: Tempelhof. Und auch wenn seine Geschichte längst nicht so bekannt ist wie die des berühmten Flughafens, es lohnt sich, einmal einen Blick darauf zu werfen. Denn der geheimnisvollste Ritterorden aller Zeiten spielt dabei eine nicht unwichtige Rolle. Die berüchtigten Tempelritter sind es nämlich, die hinter der Gründung von Tempelhof stecken sollen und bis heute für Gerüchte und Legenden sorgen, auch über die Stadtteilgrenze hinaus.

So berichtet die Kiezzeitschrift «Kreuzberger Chroniken» 2003 von einem Hobbyhistoriker, der herausgefunden habe, dass der Kreuzberg schon im 13. Jahrhundert ein spirituelles Zentrum der Templer gewesen sei: «In den Jahren

1200–1210 sei auf dem Gipfel des heutigen Kreuzbergs das Kernstück einer gewaltigen Klosteranlage entstanden. Die Templer, sowohl für die Mystik des Orients als auch die des Okzidents aufgeschlossen, hätten eine Fusion abend- und morgenländischer Spiritualität angestrebt, indem sie – dem Tempelberg in Jerusalem gleich – eine Stätte zum Studium beider geistigen Welten ins Leben rufen wollten.»

Alles nur Hirngespinste, oder gibt es tatsächlich echte Spuren der Tempelritter in Berlin? Der Artikel in der Kiezzeitschrift stellt sich als Ersteres heraus. Ein kleiner Scherz, den sich die Macher der «Kreuzberger Chroniken» erlaubt haben. Ein Scherz mit Folgen, denn seitdem kursiert in Kreuzberg immer wieder das Gerücht von einer noch existierenden geheimen Templeranlage. Wenn das aber nur eine Ente war, was ist dann die wahre Geschichte der Templer in Berlin? Schauen wir uns zunächst diese mittelalterliche Vereinigung einmal genauer an.

Die «Arme Ritterschaft vom Salomonischen Tempel», wie der vollständige Name der Templer lautet, wird Anfang des 12. Jahrhunderts als eine Eliteeinheit des Papstes gegründet, die Pilger und Kreuzritter auf ihrem Weg nach Jerusalem beschützen soll. Ein Orden, der die Ideale des adligen Rittertums mit denen der Mönche verbindet. Die ritterlichen Tugenden wie Tapferkeit, Treue und Gehorsam gegenüber dem Lehnsherrn vereinen sich in der Person des Tempelritters mit den Werten der Mönche, zu denen Frömmigkeit, Demut und Enthaltsamkeit zählen. Es sind heilige Krieger, fromme Männer, die ihr Leben mit dem Eintritt in den Orden ganz dem Kampf widmen.

An der Spitze des Ordens steht, anders als bei den Mönchen, jedoch kein Geistlicher, sondern ein ungeweihter Adliger, der Großmeister. Auch er trägt wie alle Templer das

Erkennungsmerkmal des Ordens: ein weißer Umhang mit dem roten Tatzenkreuz darauf. Ursprünglich in Frankreich gegründet, existieren die Tempelritterorden fast zwei Jahrhunderte lang in ganz Europa und sogar im Heiligen Land, dem heutigen Israel.

Ebenso legendär wie ihr Ruf als mächtigster Ritterorden aller Zeiten ist auch ihr Untergang. Die Tempelritter werden nicht nur verboten, sondern regelrecht ausgelöscht. Nachdem sie bereits jahrelang verfolgt und gefoltert wurden, setzt sich 1312 in einem spektakulären Prozess der mächtige französische König Philipp IV. endgültig durch und erwirkt mit Hilfe des Papstes die Auflösung des Ordens. Die schwersten Vorwürfe lauten auf Ketzerei und Sodomie. So sollen die Templer Novizen gezwungen haben, das Kreuz zu bespucken und Priester «unsittlich» zu berühren. Viele der Tempelritter werden nach diesem Urteil auf dem Scheiterhaufen verbrannt.

Die Überlebenden werden verbannt, ihre Burgen, Ländereien und Schätze gehen in den Besitz der Kirche über. Viele Historiker sehen das Verfahren heute als einen großen Schauprozess, der politischen Zwecken diente. Zu mächtig und vor allem zu reich ist die Ritterschaft geworden. Auf dem Höhepunkt ihres Wirkens zählt sie Tausende Ordensbrüder und Hunderte Burgen, Höfe und andere Niederlassungen. Außerdem besitzt sie so viel Geld, dass sogar Könige bei ihr Kredite aufnehmen. Für Philipp IV. ist der Orden eine Bedrohung, er fürchtet um seine Macht. Die von ihm erwirkte päpstliche Bulle, die für alle Bischofs- und Fürstentümer in Europa Gesetz ist, setzt dem Orden ein Ende.

Ein geeigneter Nährboden für Verschwörungstheorien, die sich bis heute um das Fortleben der Templer ranken. So sollen ihre Nachfahren bis in die Gegenwart im Untergrund

agieren, weiter den Heiligen Gral hüten und – mit Hilfe ihres unermesslichen Vermögens – zahlreiche Institutionen,
Konzerne und sogar ganze Regierungen nach ihren Vorstellungen manipulieren.

Der Mittelalterexperte Uwe Winkler vom Berliner Stadtmuseum kann mit solchen kruden Theorien und wilden
Spekulationen wenig anfangen. Er verlässt sich lieber auf
echte, handfeste Beweise. In seinem Archiv lagert ein Fundstück, das jedem Verschwörungstheoretiker die Tränen in
die Augen treiben würde – vor Freude. Auf den ersten Blick
sieht es wenig spektakulär aus: ein etwa ein Meter hoher
rostiger Eisenpfahl. Siebenhundert bis achthundert Jahre
alt sei das Stück, erzählt Winkler. Schaut man genauer hin,
entdeckt man ein eingraviertes Kreuz, das legendäre Tatzenkreuz der Tempelritter.

Der Pfahl sei im brandenburgisch-polnischen Grenz-
gebiet gefunden worden. «Eine Gegend, in der die meisten
die geheimnisvollen Ritter vielleicht nicht zuerst vermuten
würden», fügt der Historiker hinzu. Mit diesen Grenzpfäh-
len werden damals die von den Tempelrittern protegierten
Gebiete markiert. Niemand wagt es, die Grenzlinien un-
gefragt zu überschreiten, denn die Kampfeslust und Tapferkeit der Templer ist in ganz Europa gefürchtet. Doch was
machen die Tempelritter eigentlich so weit im Norden, im
heutigen Brandenburg und Polen?

«Ohne die Tempelritter hätten Berlin und Brandenburg
überhaupt nicht christianisiert und kultiviert werden können. Die heutige Landkarte von Deutschland und Europa
sähe bestimmt ganz anders aus», lautet die Einschätzung
von Gunther Lehmann, Autor des Buches «Die Templer im
Osten Deutschlands». Denn ihre Dienste als gefürchtete
Kämpfer seien bei den Adligen heiß begehrt gewesen. Im

Schutze der Templeranlagen können die Bauern ungefährdet ihrer Arbeit nachgehen. Im Gegenzug erhalten die Tempelritter Geld und oft auch Land. Kein Wunder also, dass sich viele junge Männer für ein Leben als Tempelritter begeistern und sich dem Orden anschließen.

Ihre steigende Zahl und die Gebietszuwächse wissen die Tempelritter geschickt zu nutzen, um ihren Reichtum weiter auszubauen. Sie entwickeln ein Geldtransfersystem, das Reisenden hilft, sicherer ins Heilige Land zu gelangen. So können Kreuzritter und Pilger bei lokalen Niederlassungen der Templer gegen Gebühr ihr Reisegeld einzahlen und es sich per Kreditbrief bei einem Kloster in Südeuropa oder im Orient wieder auszahlen lassen. Ein ausgeklügeltes System und nicht weniger als die Erfindung des modernen Reiseschecks. Doch war dieser Ritterorden tatsächlich auch im heutigen Kreuzberg und Tempelhof tätig?

Diese Frage beantwortet Uwe Winkler mit einem Griff in sein Archiv mittelalterlicher Dokumente. Kopien zweier fast achthundert Jahre alter Schriftstücke befördert er daraus zutage: bischöfliche Schenkungsurkunden aus dem Jahre 1247, vom Domkapitel von Brandenburg an das Kloster Walkenried. Auf beiden Dokumenten taucht derselbe Mann als Zeuge auf, Hermann von Templo sein Name. Auch bekannt als der Magister, also Meister und Herr von Tempelhof. Mit hoher Wahrscheinlichkeit ein Ritter des Templerordens, so der Historiker. Doch er soll nicht der erste Meister dieser Gegend gewesen sein. Mittelalterexperte Winkler vermutet, dass einige Jahrzehnte zuvor der brandenburgische Markgraf Albrecht II. bereits erste Verbindung zu den Tempelrittern aufnahm. «Mit dem Ziel, seine Grenzen zu den Nachbarn, den anderen Markgrafen im Süden und Westen, zu festigen», so Winkler.

Aber nicht als Söldner engagiert der Markgraf die Ritter, sondern als Kolonisten. Er holt den Orden in sein Land, damit dieser wiederum Bauern und Handwerker anlockt, sich dauerhaft niederzulassen. Ein Deal, der sich für beide Seiten auszahlt: Albrecht II. bekommt langfristigen Schutz durch die gefürchteten Ritter, und der Orden erhält große Flächen Wald, den er roden und in fruchtbares Ackerland verwandeln kann. Auf seinem Gebiet entsteht nicht nur das Dorf Tempelhof, das sich um den Hof der Templer herum ansiedelt, sondern auch die Dörfer Mariendorf und Marienfelde, benannt nach der Schutzpatronin der Ritterschaft.

Mit der sogenannten Komturei in Tempelhof gab es also tatsächlich einen Ordenssitz der Tempelritter auf dem späteren Berliner Stadtgebiet. Sich hier anzusiedeln hatte noch einen weiteren Vorteil für den Orden. Das Verbot und die Verfolgung der Ritterschaft durch den französischen König Philipp IV. und den Vatikan trifft die Berliner Templer zu Beginn des 14. Jahrhundert weniger hart als ihre Ordensbrüder in Frankreich. Da viele Adlige in Brandenburg Mitglieder des Ordens sind, zeigen sich die Bischöfe mitunter weniger strikt und lassen einige der festgenommenen Ritter wieder frei. Weit entfernt von Paris bleiben ihnen in der Mark Brandenburg Folter, Hinrichtung und Verfolgung weitgehend erspart.

Doch der päpstlichen Bulle folgend, werden den Templern auch hier ihre kostbaren Besitztümer und Ländereien genommen. Die Forschung geht davon aus, dass sie in den Besitz des Johanniterordens übergegangen sind. Auch viele der brandenburgischen Tempelritter sollen nach der Auflösung ihres Ordens bei den Johannitern aufgenommen worden sein. Diese wiederum verkaufen die ehemaligen Tempelritterhöfe 1435 an die Stadt Berlin. Gut möglich, dass heute in Berlin noch der ein oder andere Nachfahre der legendären Tempelritter lebt. Doch ob sie weiterhin im Geheimen die Geschicke der Hauptstadtmetropole lenken? Diese Spekulationen überlassen wir lieber den hiesigen Verschwörungstheoretikern.

Die Yogi-Flieger vom Teufelsberg

E s muss ein magischer Anblick gewesen sein im Gegenlicht der untergehenden Sonne, der den amerikanischen Filmemacher David Lynch so nachhaltig beeindruckt hat. Sonst wäre der Regisseur von Kultfilmen wie «Blue Velvet» oder «Wild At Heart» nicht auf die Idee gekommen, auf dem Teufelsberg im Grunewald eine Universität zu gründen. Eine Lehranstalt, wie es sie in Deutschland noch nie gegeben hat. Denn hier will Lynch im Jahr 2007 mit seinen Mitstreitern einen Ort erschaffen, an dem das yogische Fliegen erlernt werden kann. Eine Meditationstechnik des indischen Gurus Maharishi Mahesh Yogi, die es ermöglichen soll, im Schneidersitz in eine Art Schwebezustand zu gelangen – natürlich erst nach entsprechend langer und intensiver Übungszeit.

Für Lynch, der seit seiner Studienzeit ein überzeugter Anhänger der sogenannten Transzendentalen Meditation ist, ist der höchste Punkt Berlins der perfekte Ort, um die «Universität des Unbesiegbaren Deutschland» zu bauen. Zwar sollen an dieser besonderen Uni auch weltliche Fächer studiert werden können, wie Lynch damals auf einer Werbetour für sein Vorhaben immer wieder erklärt, aber in erster

Linie wird damit ein höheres Ziel verfolgt: eine Veränderung des Bewusstseins der Menschen. So weitgehend, dass ganze Nationen von Krieg, Aggressionen und Krankheiten befreit werden können, also unbesiegbar werden.

Dieses aufsehenerregende Projekt der von Lynch geförderten Maharishi-Stiftung gipfelt schließlich sogar in einer nächtlichen Grundsteinlegung auf dem Teufelsberg. Laut damaligen Medienberichten sollen für insgesamt hundertzwanzig Millionen Euro Gebäude mit weißer Marmorfassade entstehen, außerdem ein zwölfstöckiger «Friedensturm» mit Sternwarte und ein ausgedehntes Parkgelände für die Meditationsübungen.

Die Aktivitäten der Yogi-Flieger sind der skurrile Höhepunkt der turbulenten Geschichte des höchsten Berliner Bergs. Denn schon vor den Ankündigungen der yogischen Flieger gab es so manch anderen hochtrabenden Plan für den Teufelsberg. Doch wieso ist daraus nie etwas geworden?

Genau genommen ist der Teufelsberg noch nicht einmal ein richtiger Berg, sondern nur ein gigantischer Haufen Schutt. Es sind vor allem die Frauen, die nach dem Ende des Zweiten Weltkriegs mit bloßen Händen die Trümmer der zerstörten Hauptstadt wegschaffen und zusammentragen. Was nicht mehr für den Wiederaufbau verwendet werden kann, wird aussortiert. Viele Tausende Lkw-Ladungen werden zu meterhohen Bergen aufgeschüttet, verteilt in der ganzen Stadt. Allein im Grunewald landen in den Jahren nach Kriegsende um die fünfundzwanzig Millionen Kubikmeter Schutt, die sich zu einem Berg mit einer Höhe von gut hundertzwanzig Metern türmen.

Doch die Geschichte dieses Ortes beginnt bereits ein paar Jahre früher. Unter dem Schuttberg befinden sich nämlich die zerstörten Fundamente der Wehrtechnischen Fakultät der Nationalsozialisten. Es ist das erste Gebäude von Hitlers geplanter Welthauptstadt Germania, das errichtet werden soll. Der Grundstein dafür wird im November 1937 gelegt. Nur drei Jahre später verliert der Reichskanzler jedoch das Interesse am Weiterbau, denn der Krieg ist zwischenzeitlich in vollem Gange. Die Wehrtechnische Fakultät wird deswegen nie fertiggestellt. Nach den Bombenangriffen ist von der massiven Mauerkonstruktion nur noch eine Ruine übrig, die kurze Zeit später unter den Trümmern der Berliner Häuser begraben wird.

In den ersten fünfundzwanzig Jahren nach dem Krieg wandelt sich der Berg von einer Schutthalde in ein Naherholungsgebiet für die Westberliner. An die Vergangenheit soll an diesem Ort nichts mehr erinnern. Rasen wird ausgesät, Bäume und Büsche werden gepflanzt. Am Nordhang entsteht ein kleines Winterparadies mit Rodelbahn, Skilift und einer wettkampftauglichen Abfahrtspiste. Zur 750-Jahr-Feier von Berlin im Jahr 1986 findet darauf sogar ein echter Weltcup-Slalom statt. Auf dauerhaftes alpines Skivergnügen so dicht vor der Haustür müssen die Berliner aber verzichten – der Berg ist während der Deutschen Teilung Sperrgebiet. Denn schließlich herrscht Kalter Krieg, und für die amerikanischen Besatzer ist der Teufelsberg der ideale Ort, um eine geheime Abhörstation zu errichten.

«Politisch gesehen war das der letzte Hügel vor Moskau», erzählt der ehemalige Soldat Chris McLarren. Bis tief in die Sowjetunion hinein konnte von hier aus gehorcht werden. Der US-Amerikaner McLarren, der heute noch in Berlin lebt und ab und zu Führungen auf dem Gelände anbietet, arbeitet in den 1980er Jahren als Auswerter in der Radarstation. Sein Job ist es, die Signale, die abgehört und aufgenommen werden, zu entziffern. Allerhöchste Sicherheitsstufe besteht zu dieser Zeit auf dem Areal. «Es gab zwar einen kleinen Hof, wo wir rausgehen konnten, aber sonst durften wir da draußen nicht einfach herumlaufen. Alles war abgesperrt und eingezäunt.»

Tausend Männer und Frauen arbeiten rund um die Uhr in der Radarstation, einem der am strengsten bewachten Orte Westberlins. Mit Bussen der US-Armee werden die amerikanischen Geheimdienstmitarbeiter jeden Morgen an ihren Einsatzort auf dem Teufelsberg gebracht und nach Schichtende wieder abgeholt. Wen genau sie abgehört haben und ob auch Berliner darunter waren, das darf McLarren auch ein Vierteljahrhundert nach Zusammenbruch des Ostblocks

Die ehemalige Abhörstation auf dem Teufelsberg –
bis heute ist unklar, wie es mit dem Gelände weitergeht.

nicht verraten. Bis 2022 unterliegen alle Unterlagen vom Teufelsberg der Geheimhaltungspflicht.

Nach dem Fall der Mauer sind die Amerikaner schnell wieder weg vom Berg. Zurück bleiben leere Gebäude und die gigantischen weißen Golfbälle am Horizont, in denen sich früher die Radare befunden haben. Die Kunststoffver- kleidung der Türme hängt mittlerweile in Fetzen herunter und flattert gespensterhaft im Wind. Nach dem Abzug der Amerikaner dauert es nicht lange, bis das Gelände zum Abenteuerspielplatz für neugierige Spaziergänger, Graffiti- sprayer und Hobbyfotografen wird. Zumindest für diejeni- gen, die ein Loch im Zaun finden und sich trauen, an den patrouillierenden Wachleuten vorbeizuschleichen. Lange vor Lynch entdecken auch Filmcrews die alte Anlage als Ku- lisse für meist illegale Kinoproduktionen und Musikvideos.

Mitte der neunziger Jahre inspiriert der Teufelsberg auch einen Kölner Architekten und seine Investorengruppe zu ei- nem neuen Großprojekt. Für fünf Millionen D-Mark kaufen sie der Stadt das Grundstück ab. Sie träumen von feins- ten Fünfsternehotels und Superluxuslofts auf insgesamt 15 000 Quadratmetern – und das alles mitten im beliebten Villenviertel Grunewald. Doch dieses Projekt kommt über die Planungsphase nicht hinaus. Ärger mit den städtischen Behörden und ein jahrelanger Streit mit hartnäckigen Bür- gerinitiativen verhindern einen Baustart. Als der Teufelsberg 2005 von der Senatsverwaltung zum Waldgebiet erklärt wird, ist das schließlich der Sargnagel für das ambitionierte Luxusbauprojekt. Denn in einem offiziellen Waldgebiet darf nicht gebaut werden – dagegen können sich selbst die Ei- gentümer nicht wehren.

Auch David Lynchs Yogi-Flieger müssen letztlich ihre Pläne für den Teufelsberg aufgeben, denn das Grundstück wollen sie den glücklosen Investoren nur abkaufen, wenn die Stadt eine neue Baugenehmigung erteilt. Doch selbst durch intensivste transzendentale Meditation lässt sich aus dem Waldgebiet kein Baugebiet mehr machen. Es bleibt bei den spektakulären Ankündigungen und dem kleinen Medienwirbel um einen verschrobenen Kultregisseur.

So scheint es, als habe der höchste Berg Berlins eine magische Anziehungskraft auf Menschen mit großen Visionen, deren Pläne letztlich zum Scheitern verurteilt sind. Vielleicht hat aber auch der Teufel seine Finger im Spiel. Immerhin stammt der Name des Berges vom nahegelegenen Teufelssee, an dem eine vorchristliche Kultstätte vermutet wird.

Die einsame Botschaft

Das politische Zentrum Deutschlands liegt genau in der Mitte Berlins. Das Regierungsviertel umfasst das Reichstagsgebäude und das sogenannte Band des Bundes. Hier reihen sich – gegenüber vom gläsernen Koloss des Hauptbahnhofs – das Bundeskanzleramt sowie die Parlamentsgebäude Paul-Löbe- und Marie-Elisabeth-Lüders-Haus aneinander, einmal quer über den Spreebogen. Zwanzig Jahre hat der komplette Umzug des Regierungssitzes von Bonn nach Berlin gedauert und dabei über zwanzig Milliarden Euro verschlungen. Hier konzentriert sich der deutsche Politikbetrieb auf stolzen sechs Hektar.

Stimmt aber nicht ganz, auf einem Gebäude mitten im politischen Herzen Deutschlands weht eine einzige nichtdeutsche Flagge, darauf ein weißes Kreuz auf roten Grund. Wer sich hier aufhält, befindet sich auf schweizerischem Territorium, denn es handelt sich um die Botschaft unserer eidgenössischen Nachbarn. Einige Besucher erinnert der Standort dieser Landesvertretung an das bekannte gallische Dorf im römischen Imperium. Das Gebäude aus dem 19. Jahrhundert wirkt fast ein wenig außerirdisch zwischen all den modernen Neubauten im Regierungsviertel.

Bis auf den Reichstag – der nach der Wiedervereinigung eine Rundumerneuerung erfahren hat – sind die anderen Parlamentsgebäude alle neu errichtet worden. Wie kommt es also, dass sich die altehrwürdige eidgenössische Vertretung einsam und allein gegen die jungen bundesrepublikanischen Bauten der Jahrtausendwende behaupten muss? Ähnlich wehrhaft und tapfer wie die Gallier aus den Asterixheften waren auch die unbeugsamen Schweizer Diplomaten in Berlin.

Vor gut hundertfünfzig Jahren, bevor es zum Regierungs-

In den Jahren der Teilung fristete die Schweizer Botschaft
eine einsame Existenz im Spreebogen.

sitz des Nachwendedeutschlands wird, ist dieses Stück
Land noch ein schwer zugängliches Sumpfgebiet. «Das war
ursprünglich mal ein Lagerplatz für Holzbohlen», erzählt
die Historikerin und Kuratorin des Berliner Stadtmuseums
Dr. Martina Weinland. Aber Mitte des 19. Jahrhunderts sehnt
sich das reiche Berliner Bürgertum nach stattlichen, repräsentativen Villen. «Berlin war zu dieser Zeit noch sehr
mittelalterlich geprägt, mit engen verwinkelten Gassen,
kleinen Häusern und schlechten Sanitäranlagen», führt die
Historikerin weiter aus.

Also beginnt ein regelrechter Exodus zu den freien Flächen im heutigen Spreebogenpark in Tiergarten. Dieser
wird so genannt, weil der Hauptstadtfluss hier eine seiner vielen Biegungen macht. Einen richtigen Boom erlebt
dieses Viertel vor allem nach der Reichsgründung im Jahr
1871. Preußen ist so mächtig wie nie, und das muss auch
dem Rest Welt gezeigt werden. Zügig werden prächtige
Boulevards gestaltet, Denkmäler aufgestellt, und auf dem
ehemaligen Holzlager an der Spreebiegung entstehen, auf
stabile Stelzen gestützt, exklusive mehrstöckige Stadtpalais.
Zur Erinnerung an die erfolgreichen Feldzüge der preußischen Armee bekommen die wenigen Straßen in dieser
noblen Ecke die Namen einer berühmten Schlacht (Alsen),
eines Generals (von Moltke) sowie des Eisernen Kanzlers
(Bismarck). Das legendäre Alsenviertel im Spreebogen wird
damit aus der Taufe gehoben. Nur die sehr reichen und sehr
berühmten Berliner können sich hier ein Haus leisten. Unter ihnen ist der damalige Chefarzt der Charité, Augenarzt
Friedrich Theodor Frerich. Er lässt es beim Bau seiner Villa
im Jahr 1871 richtig krachen: ein dreistöckiges Stadtpalais
mit hohen Fenstern, prächtiger Eingangstür, Puttenreliefs
und ionischen Säulen an der Außenfassade.

Nach dem Ersten Weltkrieg ist die deutsche Wirtschaft geschwächt. Viele Berliner Unternehmer können sich aufgrund der Inflation der Nachkriegs- und Revolutionswirren ihren gehobenen Lebensstil nicht mehr leisten. So landen einige der prachtvollen Stadthäuser im Alsenviertel auf dem Immobilienmarkt. Auch die ehemalige Augenarztvilla, die mittlerweile einem Chemiefabrikanten gehört, steht zum Verkauf. Eine einmalige Gelegenheit für die Schweizer. Für rund eine halbe Million Franken wechselt das Stadtpalais seinen Besitzer.

Lange hatte sich der Alpenstaat Zeit gelassen mit einem eigenen Botschaftsgebäude. Bisher war er in Berlin nur provisorisch an wechselnden Orten vertreten gewesen – stets bedacht, seine Neutralität zu wahren. Doch jetzt, da auch das Nachbarland eine Republik geworden ist, scheint es angemessen, sich eine feste Unterkunft in der deutschen Hauptstadt zuzulegen. Die Schweizer nennen ihre ausländischen Vertretungen übrigens erst seit 1963 Botschaften.

Die eidgenössische Gesandtschaft ist nicht die einzige Landesvertretung, die sich im exklusiven Alsenviertel niederlässt. Insgesamt dreizehn Botschaften haben sich seit der Jahrhundertwende dort angesiedelt, darunter die britische, die französische und die italienische. «Der große Vorteil des Alsenviertels war, dass man es nicht weit hatte zur Wilhelmstraße, wo sich das Auswärtige Amt befand», erläutert Historikerin Weinland. Auch die exklusive Lage zwischen dem historischem Stadtzentrum und Tiergarten sagt den Diplomaten durchaus zu.

Doch fast ein Jahrhundert später sind alle Landesvertretungen aus dem Alsenviertel verschwunden – bis auf die der Schweizer. Was ist mit all den anderen passiert, die sich in unmittelbarer Nachbarschaft befunden hatten?

Im Berliner Stadtmuseum gibt es dafür eine Erklärung: die «Ruhmeshalle», auch bekannt als «Große Halle des Volkes». Jenes gigantomanische Bauprojekt von Albert Speer, dem auch die Siegessäule weichen musste. Denn der Platz, der sich laut Hitlers Vorstellungen am besten für das knapp dreihundert Meter hohe Kuppelgebäude und seinen überdimensionierten Aufmarschplatz eignet, ist das Alsenviertel. «Ein ganzes Wohnviertel, das erst 1870 entstanden ist, wurde kurzerhand komplett abgerissen, dem Erdboden gleichgemacht», so Weinland.

Bis auf ein einziges Gebäude: die Schweizer Botschaft. Wie alle anderen Vertretungen soll auch die Schweiz ein Ersatzgebäude südlich des Tiergartens bekommen, wo sich bis heute die meisten Botschaften Berlins befinden. Der damalige Schweizer Gesandte Hans Frölicher ist über diese Pläne jedoch nicht gerade erfreut und verzögert immer wieder den Auszug, so die heutige Überlieferung. Am liebsten würde er bleiben, wo er ist. Da kommt ihm eine Fliegerbombe der britischen Streitkräfte vielleicht gar nicht so ungelegen, wie man meinen könnte. Denn sie zerstört das neue Botschaftshaus in der Rauchstraße, das sich zu diesem Zeitpunkt noch im Rohbau befindet. Den Schweizern bleibt also gar nichts anderes übrig, als noch etwas länger in ihrem alten Gebäude auszuharren. Und zwar inmitten einer gigantischen Baustelle, wo bereits die ersten Wände der wahnwitzigen Germania-Halle hochgezogen werden.

Doch der Krieg stoppt kurze Zeit später alle weiteren Bauarbeiten. Arbeiter und Material werden nun dringender an der Front benötigt. Und die rückt näher an Berlin heran. Bald schon fallen immer mehr Bomben auf die Stadt und zerstören Straßen, Häuser, ganze Viertel. Nur die Schweizer Botschaft bleibt verschont.

«Die Schweiz hat im 20. Jahrhundert Glück gehabt, und die Schweizerische Botschaft ist wie ein Symbol dieses Glücks», antwortet der amtierende Botschafter der Schweiz in Berlin Tim Guldimann auf die Frage, wieso das Botschaftsgebäude den Krieg nahezu unbeschadet überstanden hat. Zu Beginn des Jahres 1945 werden die verbliebenen Gesandtschaftsmitarbeiter in Berlin mehrfach dazu aufgefordert, die Stadt zu ihrer eigenen Sicherheit zu verlassen. Die meisten Mitarbeiter folgen den Anweisungen. Sie ziehen sich in ihre Häuser außerhalb des Stadtzentrums oder ganz in die Heimat zurück.

Ein paar Schweizer wollen aber weiter die Stellung halten. Es sind der Kanzlist, wie der Schreiber der Landesvertretung genannt wird, der Funker, der Chauffeur und das Hauspersonal. Sie zögern, noch wollen sie das Gebäude nicht im Stich lassen. «Und plötzlich war es zu spät, sie konnten nicht mehr aus Berlin raus und waren hier eingeschlossen», erzählt Guldimann. Nun gilt es, ihr Haus zu schützen, um sich selbst zu schützen. Denn wäre es abgebrannt, hätten die Mitarbeiter nicht mehr gewusst, wohin. Also löschen sie sofort jeden Brandsatz, der auf dem Grundstück landet, fegen Brandbomben vom Dach und bewahren so das Haus vor der Zerstörung. Insgesamt wird das Stadtpalais in den Kriegsjahren von siebzehn Granaten getroffen sowie von einem Blindgänger, bleibt dabei aber nahezu unbeschadet.

Doch Ruhe kehrt noch lange nicht ein. Die Rotarmisten rücken immer weiter vor und bereiten den Sturm auf den Reichstag vor – und zwar vom Botschaftsgebäude aus. Sie besetzen das Haus und sperren das Personal in den Keller, wo sie bis zum Ende des Krieges ausharren müssen. Mit Schweizer Schokolade seien die Russen bei Laune gehalten

worden, so erzählt man sich noch heute unter den Bot-
schaftsmitarbeitern. Alle damaligen Mitarbeiter überleben
den Krieg. Die Sowjets verlassen das Gesandtschaftsgebäu-
de bald wieder, denn nach Kriegsende befindet es sich in
der britischen Besatzungszone.

Mehr als vierzig Jahre lang steht das unzerstörte Stadtpalais auf dem kahlen Spreebogen, nun wirklich einsam
und allein. Bis zum Mauerfall dient es als Schweizer Ge-
neralkonsulat für Westberlin, denn die offizielle Vertretung
der Schweiz befindet sich in der provisorischen Hauptstadt
Bonn.

Doch mit der Wiedervereinigung droht den Schweizern
ein erneuter Rausschmiss aus ihren vier Wänden. 1992 beschließt der Bundestag, dass Berlin wieder Hauptstadt
werden soll. Das neue politische Zentrum des vereinigten
Deutschland soll auf dem Areal um den wiederaufgebauten
Reichstag entstehen. Mit den Planungen für das neue Kanzleramt und das Paul-Löbe-Haus gerät auch die Schweizer
Botschaft in das Visier der Stadtentwickler. Aber darauf
haben die Eidgenossen nur eine einzige Antwort: ein klares
Nein. «Das ist unser Gebäude, und hier bleiben wir», heißt
es damals vonseiten der schweizerischen Vertreter. Und
wer kann es ihnen verübeln nach so vielen turbulenten
Jahrzehnten im Zentrum der Weltgeschichte? Da lässt sich
der Schweizer – beharrlich und eigen, wie er ist – doch nicht
einfach aus seinem Haus vertreiben.

Die schönste Frau Berlins

S ie ist die inoffizielle Königin der Hauptstadt, obwohl sie nie einen Fuß hineingesetzt hat. Zu ihren Lebzeiten nämlich befand sich hier noch ödes Sumpfland – die Frau, um die es geht, ist schon seit über drei Jahrtausenden tot. Die Rede ist von Nofretete, der legendären Gemahlin des Pharaos Echnaton, und ihrer weltweit bekannten Büste. Sie allein lockt jährlich eine Million Besucher ins Ägyptische Museum auf der Museumsinsel in Mitte. Seit gut neunzig Jahren ist die lebensgroße Skulptur bereits in seinem Besitz und genauso lang der Star unter den mehreren tausend Ausstellungsstücken.

Was Leonardo da Vincis «Mona Lisa» für den Louvre ist, ist die Nofretete für die Museumsinsel. So sieht es auch die Direktorin der Ägyptischen Sammlung, Dr. Friederike Seyfried. «Die Nofretete ist etwas sehr Außergewöhnliches. Es gibt keine zweite so gut erhaltene Büste in der ägyptischen Kunstgeschichte», sagt die Ägyptologin. Einen ganzen Raum hat das prominente Fundstück für sich allein, einen achteckigen Saal, der durch eine Glaskuppel in der Decke sanft ausgeleuchtet wird. In der Mitte steht ein gläserner Kasten, in dem die Büste auf einem Sockel thront.

Ihre Erscheinung ist weltbekannt: der lange schlanke Hals, die gerade schmale Nase, die markanten Wangenknochen und die perfekten braunroten Lippen, dazu die mandelförmigen schwarz umrandeten Augen. Ein Gesicht in perfekter Symmetrie, selbst die fehlende linke Pupille tut ihrer faszinierenden Schönheit keinen Abbruch. Fast ebenso charakteristisch ist die helmartige Krone in Blau, die die Königin auf dem Kopf trägt und in deren Mitte ein Schlangendiadem prangt. Erhaben und stolz blickt Nofretete an ihren Bewunderern vorbei aus dem Raum hinaus. Keine Frage, sie ist das Herzstück der Sammlung und das kostbarste dazu. Auf vierhundert Millionen Euro wird ihr Wert derzeit geschätzt. Als sich im Dezember 2012 der Fund der Büste zum hundertsten Mal jährt, wird im Ägyptischen Museum eine ganze Ausstellung rund um die schöne Königin konzipiert.

Mehr als dreitausend Jahre nach ihrem Ableben sorgt Nofretete immer noch für Aufregung. Neben der Dauerdebatte, ob sie überhaupt rechtmäßig in Berlin sei oder besser in ihr Heimatland gehöre, kamen im Jahr 2009 Behauptungen auf, die Büste der Nofretete sei gar nicht echt, sondern eine dreiste Fälschung. Damals veröffentlichten der Berliner Autor Erdoğan Ercivan und der Schweizer Altertumsforscher Henri Stierlin jeweils Bücher, in denen sie unabhängig voneinander die These vertraten, die Büste sei nicht einmal hundert Jahre alt. Hergestellt von ihrem angeblichen Entdecker, dem Berliner Bauforscher und Ägyptologen Ludwig Borchardt. Den beiden Buchautoren zufolge soll die ganze Welt einem gigantischen Schwindel aufgegessen sein.

Alles nur böse Gerüchte, die üblichen Verschwörungstheorien, die zu solch weltweit bekannten Ikonen nun mal dazugehören? Auch von der Mona Lisa im Louvre wird ja immer mal wieder Ähnliches behauptet.

Um herauszufinden, was wirklich hinter den Fälschungs-
theorien steckt, lohnt sich ein Blick in die spannende Geschichte der Büste. Die wahre Nofretete kommt im heutigen
Syrien als Königstochter namens Tudechepa zur Welt. Noch
im Mädchenalter wird sie mit dem ägyptischen Pharao
Amenophis III. vermählt, doch dieser stirbt kurz darauf.
Also soll sie stattdessen seinen Sohn Amenophis IV. hei-
raten. Ihre außergewöhnliche Anmut muss die Ägypter
beeindruckt haben, denn sonst hätten sie ihr nicht den
legendären Namen Nofretete gegeben, was nichts anderes
bedeutet als «Die Schöne, die da kommt». Laut Schätzun-
gen der Forscher soll Nofretete bei ihrer zweiten Hochzeit
erst fünfzehn Jahre alt gewesen sein, ihr neuer Gemahl sogar noch etwas jünger.

Das antike Teenagerpärchen aus dem Königspalast
stellt in den nächsten Jahren das alte Ägypten ganz schön
auf den Kopf. Der junge Pharao schafft alle Götter bis auf
den Sonnengott Aton ab, als dessen Sohn und Verkünder
er sich fortan bezeichnet: Echnaton. «Damit gilt er als Be-
gründer des ersten nahezu reinen Monotheismus in der
Menschheitsgeschichte», erklärt Seyfried. Im Land und im
Königshaus dreht sich fortan alles um die Verehrung des einen Sonnengottes, die Bildnisse der alten Götter und ihre
Tempel müssen verschwinden. Gleichzeitig entsteht in
der Wüste eine neue Hauptstadt namens Achet-Aton, was
übersetzt «Horizont der Sonne» bedeutet, mit ausgedehn-
ten Palast- und Tempelanlagen. Auch Nofretete, die Haupt-
frau von Echnaton und damit quasi die Schwiegertochter
des Sonnengottes, steigt gesellschaftlich so hoch wie keine
Königin vor ihr. Mehr noch: «Sie erfüllt den weibliche Part
der göttlichen Dreieinigkeit mit Echnaton und Aton», so
Seyfried.

In dieser Zeit entstehen zahlreiche Skulpturen des gott-
gleich verehrten Königspaares. Doch die Mehrheit der
Bevölkerung lässt sich vom neuen Kult nicht lange über-
zeugen. Nach dem Tod des Pharaos – Forscher vermuten,
er wurde nur etwa vierzig Jahre alt – wird die alte Ordnung
schnell wiederhergestellt und die Erinnerung an den Sonnengott und seine Anhänger ausgelöscht. Und Nofretetes
Schicksal? «Über das, was mit Nofretete nach dem Ende der
Regierungszeit passiert ist, wissen wir bis heute viel zu wenig», sagt Seyfried. Mehr als dreitausend Jahre lang bleiben
die Spuren der außergewöhnlichen Regentschaft der beiden
unentdeckt, bis ein Berliner Altertumsforscher auf die Überreste der altägyptischen Stadt Achet-Aton stößt.

Im Jahr 1912 findet südöstlich von Kairo in der Nähe der
kleinen Stadt Amarna eine großangelegte Ausgrabung der
Deutschen Orient-Gesellschaft statt, finanziert vom Berliner
Kunstmäzen James Simon. Der Textilunternehmer gehört
damals zu den zehn reichsten Männern im Kaiserreich und
gilt als großer Förderer der Archäologie. Die Leitung der
Expedition hat Ludwig Borchardt inne. Ein ausgewiesener
Experte der Ägyptologie, aber auch bekannt für seine zu-
packende Art.

Genau die Fähigkeiten, die man als Grabungsleiter in
Ägypten braucht. Denn hier tobt ein harter Konkurrenzkampf zwischen Deutschen, Engländern und Franzosen um
die wertvollsten Sensationsfunde. Borchardt und seine Hel-
fer haben Glück. Am 6. Dezember 1912 bergen sie dort, wo
sich einmal die Werkstatt des Bildhauers Thutmosis befand,
eine fünfzig Zentimeter große und zwanzig Kilogramm
schwere Skulptur aus Kalkstein, überzogen mit Gips und
außergewöhnlich gut erhaltenen Farben.

Borchardt ahnt wohl, dass er einen spektakulären Fund

gemacht hat. «Beschreiben nützt nichts, ansehen», schreibt er in sein Grabungsprotokoll. Die Meldung über den einzigartigen Fund erreicht auch bald schon den Geldgeber in Berlin. Und so ordnet Simon an, die Büste in die Hauptstadt zu bringen. Aber so einfach ist das nicht. Zur damaligen Zeit ist Ägypten zwar britisches Protektorat, aber alle archäologischen Ausgrabungen werden von französischen Beamten überwacht. Es gilt damals eine spezielle Teilungsregelung, alle Funde müssen der französischen Altertumsverwaltung vorgelegt werden, deren Vertreter sich dann die besten Stücke raussuchen dürfen. Ob das Glück Borchardts oder sein Geschick dafür sorgte, dass die Nofretete bei der Fundteilung im Januar 1913 in deutschen Besitz überging, darüber gibt es endlose Debatten und Vermutungen. Laut der bekannten Fakten entscheidet sich der Beamte lieber für ein Altarrelief als für den «bunten Kopf einer Prinzessin», wie Borchardt den Fund damals offiziell dokumentieren lässt.

Zwar landet die außergewöhnliche Büste wenige Monate später in Berlin, aber zunächst ziert sie lediglich die Innenräume der Villa von James Simon in der Tiergartenstraße, denn als Finanzier ist er der rechtmäßige Besitzer aller Funde, die nach Deutschland kommen. Dort ist sie nur für ausgewählte hochkarätige Besucher zu bewundern. Warum sie 1913 nicht gleich bei einer Sonderausstellung mit den anderen Amarna-Fundstücken im Neuen Museum gezeigt wird, darüber herrscht bis heute Unklarheit, so die Direktorin der Ägyptischen Sammlung Seyfried. «Es waren drei Persönlichkeiten, die das untereinander ausgemacht haben, einmal der damalige Museumsdirektor Heinrich Schäfer, Ludwig Borchardt und natürlich James Simon als der Besitzer.»

Für Skeptiker bleibt hier Raum für allerlei Zweifel: Ver-

zichtete man womöglich zunächst auf eine öffentliche
Präsentation, weil die Beteiligten wussten, dass es sich
nicht um ein antikes Artefakt, sondern um eine Fälschung
handelt? Henri Stierlin zumindest behauptet, Borchardt
hätte die Büste ursprünglich anfertigen lassen, um darauf
Schmuckstücke zu präsentieren. Als aber ein Herzog die
Skulptur bewundert und für ein Ausgrabungsstück hält,
kann er nicht mehr zurück und setzt den Schwindel fort.
Und Ercivan geht davon aus, dass Borchardt die falsche
Büste herstellen ließ, um daran zu studieren, wie man Fälschungen besser entlarven könne.

Doch war er auch in der Lage, eine derart kunstvolle
Fälschung selbst herzustellen oder in Auftrag zu geben?
Immerhin herrscht damals bereits ein florierender Handel
mit nachgemachten archäologischen Stücken, wie auch der
Ägyptologe Cornelius von Pilgrim bestätigt. Der Direktor
des Schweizerischen Instituts für Ägyptische Bauforschung
und Altertumskunde in Kairo ist quasi der Nachfolger Borchardts, denn sein Institut ging aus der von Borchardt ge-
gründeten Forschungseinrichtung hervor, in der dieser bis
zu seinem Tod gearbeitet hat. «Zu Borchardts Jobbeschrei-
bung, wie man heute sagen würde, gehörte es, den Antiken-
markt zu sondieren und interessante Stücke für deutsche
Sammlungen zu erwerben», erzählt von Pilgrim. Borchardt
musste sich also zwangsläufig mit Fälschungen beschäftigen, um sich nicht selbst welche andrehen zu lassen. «Seine
Möglichkeit, Fälschungen zu erkennen, beruhte dabei ausschließlich auf seinem enormen Wissensstand und seiner
entsprechenden Erfahrung.»

Naturwissenschaftliche Methoden hätten ihm nur in
sehr begrenzter Weise zur Verfügung gestanden und dann
auch erst, wenn es zu spät und das Objekt gekauft war, so

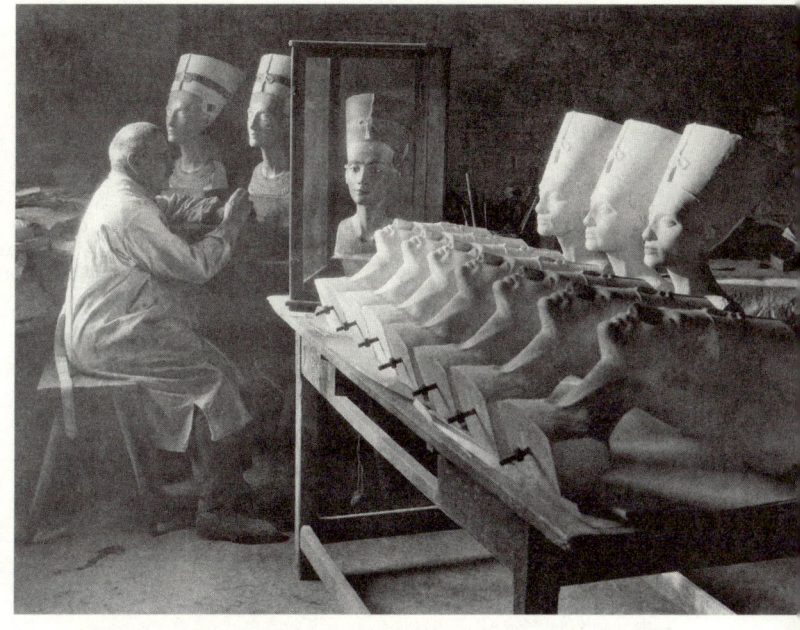

Fälschung oder Original? Bei den Nofretete-Büsten, die um 1930 in einer Werkstatt in Brandenburg entstehen, handelt es sich definitiv um Kopien.

von Pilgrim. «Das hat ihn natürlich gewurmt, vor allem als er feststellen musste, dass auch er selbst mehrfach hereingelegt worden war.» Doch erst nach seiner Pensionierung, zu Beginn der dreißiger Jahre, habe Borchardt sich diesem Thema richtig zugewendet, Kontakt zu Fälschern aufgenommen und deren Techniken studiert. Zu diesem Zeitpunkt war die Büste längst ein gefeiertes Ausstellungsstück im Berliner Museum. Nicht nur deshalb hält von Pilgrim die Fälschungsvorwürfe für völlig abwegig. «Inzwischen gibt es auch genügend technische Analysen, die dieses Kapitel endlich schließen sollten», so der Ägyptologe.

Tatsächlich wurden erst in den vergangenen Jahrzehnten wissenschaftliche Methoden entwickelt, die eine genaue Altersbestimmung ermöglichen und somit Fälschungen zuverlässiger enttarnen. «Natürlich ist die Nofretete bereits mehrfach untersucht worden», sagt Dr. Seyfried, und zwar im Rathgen-Forschungslabor, dem wissenschaftlichen Forschungszentrum der Staatlichen Museen. Laut dessen ehemaligem Chef Stefan Simon ist aber für die C14-Methode, die anhand des radioaktiven Zerfalls eines bestimmten Kohlenstoff-Isotops recht zuverlässig das Alter von organischen Stoffen bestimmen kann, einfach zu wenig organisches Material vorhanden, das untersucht werden kann. Immerhin haben minimale Wachsüberreste, die aus dem rechten Auge der Büste stammen sollen, Ende der Neunziger ein Alter von mehr als dreitausend Jahren ergeben. Das Problem: Die untersuchten Wachsreste wurden bereits 1920 aus dem Auge entnommen und bis zu ihrer Bestimmung in alten Tüchern aufbewahrt. Für die Skeptiker also kein hinreichender Beweis.

Laut der Direktorin der Ägyptischen Sammlung sind die Fälschungsbehauptungen jedoch dennoch «an den Haaren herbeigezogen». Mittlerweile hätten weitere Untersuchungen von Materialforschern des Rathgen-Instituts ergeben, dass die blaugrünen Farbpigmente auf der Krone und die Zusammensetzung der Gipsmischung, aus der das Gesicht der Nofretete modelliert wurde, mindestens mehrere hundert Jahre alt sein müssen – also definitiv keine Fälschung von Borchardt sein können.

Die ganze Aufregung um seine Person bekommt Borchardt nicht mehr mit. Er stirbt 1938 in Paris. Was mit der Nofretete in ihrer neuen Heimat passiert, hat er bis dahin nur aus der Ferne verfolgt, größtenteils aus Ägypten. Erst

1920 gelangt sie als Schenkung mit allen anderen Grabungs-
funden aus Amarna in den Besitz der Staatlichen Museen,
und 1923 wird sie erstmals ausgestellt – zwölf Jahre nach ihrem Fund. Der Erste Weltkrieg kam dazwischen, und dann
waren die neuen Ausstellungsräume noch nicht fertig, erklärt Seyfried diese lange Verzögerung.

Zu diesem Zeitpunkt existieren tatsächlich bereits zwei
detailgetreue «Fälschungen» der Nofretete. Angefertigt
schon 1913 von der erst 26-jährigen Berliner Bildhauerin
Tina Haim im Auftrag von James Simon. Weil der Kaiser damals so fasziniert ist von der Büste, schenkt Simon ihm eine
Replik, die dem Monarchen sogar bis ins niederländische
Exil folgt, wo sie bis heute steht. Die zweite behält James
Simon für sich. In Erinnerung an die schönste Frau Berlins,
die ihm einmal ganz allein gehört hatte.

Untergrundkulturen

U nter der Erde ist Berlin fast genauso abwechslungsreich wie darüber. Wie ein Ameisenhügel
ist der Untergrund der Hautstadt von unzähligen Tunneln, Gängen und Hohlräumen durchzogen. So besteht das U-Bahn-Netz aus über hundertfünfzig Kilometern
Schiene, die mehr als hundertsiebzig Bahnhöfe miteinander
verbinden. Hinzu kommen gut neuntausend Kilometer Ka-
nalisationsrohre – manche mehrere Meter breit –, alte Bun-
keranlagen, ehemalige Brauereigewölbe, Reste der unterirdischen Rohrpostanlage, und sogar einen unterirdischen
See gibt es. Die Berliner Unterwelt bietet genug Stoff für
Legenden und Mythen, um ganze Bücher damit zu füllen.
Zu den skurrilsten Geschichten zählt aber sicherlich das
Gerücht, dass zu DDR-Zeiten Teile des Berliner Untergrunds
landwirtschaftlich genutzt worden sein sollen. Konkreter:
In stillgelegten U-Bahn-Tunneln soll man Champignons
gezüchtet haben.

«Die Bedingungen für Pilze sind in einem U-Bahn-Tunnel
nahezu ideal», bestätigt der Pilzexperte Christian Klein von
der Biopilzfarm Berlin. Denn dort unten gebe es kein Son-
nenlicht, keine Temperaturschwankungen, und auch die

Luftfeuchtigkeit sei in der Regel hoch. Der perfekte Ort also, um Champignons & Co. im Überfluss sprießen zu lassen. Doch haben das auch die Landwirte im sozialistischen Arbeiter-und-Bauern-Staat für sich zu nutzen gewusst?

Zu DDR-Zeiten werden alle landwirtschaftlichen Aktivitäten zentral vom Staat kontrolliert und gesteuert. Natürlich hat auch die Pilzzucht ihre eigene Institution. Das Volkseigene Gut, kurz VEG, Champignonzucht Dieskau. Diese staatliche Behörde bei Halle an der Saale kümmert sich um alle Pilzfragen der Republik. Hier werden neue und altbekannte Pilzsorten gezüchtet, und die sogenannte Pilzbrut, die Saat der Pilze, wird an die untergeordneten volkseigenen Güter im ganzen Land geliefert. Die Berlinerin Haile Noé ist eine der staatlichen Pilzzüchterinnen, die in den siebziger und achtziger Jahren für die Speisepilzversorgung Berlins zuständig sind. Ihr Arbeitsplatz befindet sich damals tatsächlich unterhalb der Stadt. Denn in den Gewölben der ehemaligen Königstadt-Brauerei in Prenzlauer Berg gibt es eine unterirdische Pilzfarm, das ist der Bevölkerung auch schon zu DDR-Zeiten bekannt. Doch Haile Noé ist sich auf Nachfrage ziemlich sicher, dass es sich bei ihrem Arbeitsort um die einzige Untergrund-Pilzzucht in Ostberlin gehandelt habe. Eine Farm in einem ehemaligen U-Bahn-Tunnel habe es zumindest in ihrer Dienstzeit nicht gegeben. Handelt es sich bei der Pilzfarm im U-Bahn-Tunnel also doch nur um ein Gerücht? Oder war sie möglicherweise ein Geheimprojekt, von dem die DDR-Öffentlichkeit nichts erfahren durfte?

In den Jahrzehnten der Teilung sind in Ost und West für U-Bahnen, Busse und Straßenbahnen verschiedene Unternehmen zuständig. Die BVG-West und die BVB-Ost arbeiten während der Teilung der Stadt eigenständig. Ganz im Gegensatz zu der S-Bahn, deren Netz im Ost- und Westteil der Stadt

auch nach der Teilung allein von der nur in Ostberlin ansäs-
sigen Reichsbahn betrieben wird. Die Folge: ständiger Streit
zwischen Ost- und Westregierenden, der in S-Bahn-Boykotts,
Streiks und schließlich auch zur zeitweisen Einstellung der
S-Bahn in Westberlin führt. Die Verkehrsbetriebe in Ost und
West, die für die U-Bahnen, Busse und Straßenbahnen zuständig sind, kooperieren aber, wenn es nötig ist. Und nach
dem Fall der Mauer tritt die Westberliner BVG das Erbe der
Ostberliner Verkehrsbetriebe an. Alle Fragen über das, was
sich im Berliner U-Bahn-Netz zu DDR-Zeiten zugetragen
hat, müssten also auch von der heutigen BVG beantwortet
werden können. Wenn es wirklich eine Pilzfarm in einem
Berliner U-Bahn-Tunnel gegeben haben soll, dann muss es
darauf doch auch Hinweise bei der heutigen BVG geben.
Und tatsächlich reagiert der Bauchef der BVG Uwe Kutscher
mit einer Einladung zu einem Trip in die verborgene Welt
der Berliner U-Bahn. Er habe einen ganz bestimmten Ort
im Sinn, den er mir zeigen wolle, sagt er am Telefon. Kann
dieser Ausflug das Rätsel um die geheime Pilzzucht lösen?

Der Treffpunkt ist in Berlin-Mitte, ziemlich genau zwischen Jannowitzbrücke und Alexanderplatz. Ein vergitterter
Eingang auf der Voltairestraße, Ecke Littenstraße. Das Git-
ter im Bürgersteig fällt nicht besonders auf, aber darunter
verbirgt sich der Eingang in die Berliner Unterwelt. Steile
Treppenstufen führen abwärts und enden in einem Vor-
raum aus graubraunem Beton. «Das ist der Waisentunnel»,
erklärt Kutscher, «ein alter U-Bahn-Tunnel, der Anfang des
vergangenen Jahrhunderts gebaut wurde, aber nie seinen
eigentlichen Zweck erfüllt hat.» 865 Meter ist der Tunnel
lang. Ursprünglich sei er als Teil der Nord-Süd-Strecke geplant gewesen, sagt Kutscher, die den Gesundbrunnen im
Norden mit Neukölln im Süden verbinden sollte.

Seinen Namen hat der Waisentunnel von der oberirdi-
schen Waisenstraße, deren Verlauf er ein kurzes Stück folgt.
1912 beginnt hier der Bau des neuen Tunnels inklusive Bahnhof. Doch mit dem Ausbruch des Ersten Weltkriegs werden
die Arbeiten für die neue Strecke wieder eingestellt – und
zwar für immer. Der Waisentunnel verwaist nun tatsächlich. Der Grund: Die Linie soll nun einige hundert Meter entfernt verlaufen, damit sie an den U-Bahnhof Alexanderplatz
angebunden werden kann, der als einer der Zentralbahnhö-
fe damals immer wichtiger wird. Für Betriebsfahrten bleibt
jedoch ein Gleis im Waisentunnel bestehen.

Als der Zweite Weltkrieg ausbricht und die ersten Bomben
auf Berlin fallen, wird ein Teil des ungenutzten Tunnels zum

Der Waisentunnel ist für vieles genutzt worden,
nur nicht für den Transport von Fahrgästen.

Bunker ausgebaut. Bis zu sechstausend Menschen finden hier während der Angriffe Schutz. Spuren dieser Vergangenheit lassen sich in dem alten Tunnel überall erkennen. Pfeile an den Wänden weisen die Richtung der Waschräume oder des Ausgangs, dazwischen Schutzräume, kaum größer als fünf, sechs Quadratmeter. Da hätten damals dreistöckige Hochbetten drin gestanden, erzählt Kutscher, während er langsam den Gang entlangläuft, von dem die kleinen dunklen Räume abgehen. «Bis zu dreißig Menschen haben sich bei Bombenangriffen da reingequetscht.»

Ungefähr in der Mitte der Bunkeranlage bleibt Kutscher plötzlich stehen. Der Schein seiner Taschenlampe erhellt die gegenüberliegende Wand. Gräulich braune Schlieren werden sichtbar, großflächig über den Beton verteilt. «Das ist über fünfzig Jahre alter Tierdung», erklärt Kutscher. «Wahrscheinlich aus dem Tierpark Friedrichsfelde.» Doch was macht der Mist von Tieren aus dem Ostberliner Zoo in einer Bunkeranlage in Mitte? Der sei hier als Dünger verwendet worden, führt Kutscher weiter aus. Es sind die letzten Spuren der längst vergessenen DDR-Pilzfarm. «Die hat es hier tatsächlich gegeben», bestätigt der BVG-Bauchef. Auf einer Strecke von über sechzig Metern Bunkeranlage müssen sich hier unzählige mit Champignons bepflanzte Kisten gereiht haben, sagt er. Kurz nach der Wiedervereinigung habe man an den Wänden sogar alte Schilder mit Hinweisen auf das VEG Champignonzucht Dieskau gefunden. Daraufhin deckten Historiker des Vereins Berliner Unterwelten auf, dass hier höchstwahrscheinlich für zehn Jahre, von 1953 bis 1963, Pilze gezüchtet worden waren. Lange bevor die ersten Pilze in der Königsbrauerei in Prenzlauer Berg sprossen. Nur ausgewählte Restaurants in Ostberlin hätten die exklusiven Speisepilze aus dem Untergrund erhalten, so Kutscher.

Wieso aber nach zehn Jahren plötzlich Schluss war mit der Champignonzucht im U-Bahn-Tunnel, darüber herrscht bis heute Unklarheit.

Kutscher hat eine Vermutung. «Es könnte an der besonderen Lage des Waisentunnels liegen.» Während der Teilung Berlins verläuft durch den Tunnel die einzige Verbindung zwischen dem West– und dem Ostberliner U-Bahn-Netz. Er verknüpft die heutigen Linien U8 – damals Westbahn und Transitstrecke durch Ostberlin – und U5, die eine der beiden einzigen Ostberliner U-Bahn-Strecken ist. Daher hätte man durch den Waisentunnel vollkommen unbemerkt vom Osten in den Westen «rübermachen» können. Für die Pilzzüchter des VEG Champignonzucht Dieskau, die täglich in der Bunkeranlage direkt neben dem Betriebsgleis arbeiten, hätte sich also täglich eine Möglichkeit zur Flucht in den Westen geboten.

Für die DDR-Regierung eigentlich ein unhaltbarer Zustand. Erst recht, als die Mauer im August 1961 gebaut wird und die Grenzen zwischen Ost und West sich endgültig schließen. Die Vermutung liegt also nahe, dass die Champignonzucht im Jahr 1963, zwei Jahre nach dem Bau der Mauer, deswegen aufgelöst wird. Denn so einfach lässt sich der Durchgang in den Westen nicht verschließen. Der stillgelegte Tunnel wird zu dieser Zeit nämlich noch für andere Zwecke als die Champignonzucht gebraucht. Über diese Verbindung gelangen BVB-Ost-Mitarbeiter auf die Transitstrecke, um sie zu warten – wofür die Ostberliner ab 1963 jährlich Devisen in Millionenhöhe von den Westberlinern kassieren. Später nutzt die DDR diese Strecke auch, um ihre marode U-Bahn-Flotte nachzurüsten. Immer wieder kauft die Ostberliner Regierung heimlich U-Bahn-Züge aus Westdeutschland. Verborgen vor den Augen der DDR-Bürger werden sie über das Betriebsgleis im Waisentunnel in den Osten geliefert.

1980 gelingt einem Ostberliner Stellwerksmechaniker samt Familie tatsächlich die Flucht über den Waisentunnel in den Westen. Aber da ist die Champignonfarm schon längst vergessen.

Die zweieinhalb Türme

Jede große Stadt braucht ihr Wahrzeichen. London hat den Big Ben, New York die Freiheitsstatue und Paris den Eiffelturm. Und Berlin hat den Fernsehturm am Alexanderplatz. Es gibt wohl keinen Film mit Berlinbezug ohne eine Einstellung des «Telespargels», wie ihn – entgegen den Aussagen vieler Reiseführer – kein Berliner nennen würde. Der Fernsehturm zwischen Marx-Engels-Forum und dem Alexanderplatz ist in der Berliner Skyline unverwechselbar. Mit 368 Metern ist es das höchste Gebäude in Deutschland, über 210 Meter höher als der Kölner Dom und immer noch 68 Meter höher als der größte Wolkenkratzer der Republik in Frankfurt am Main. Intern ist er auch als Fernmeldeturm 32 bekannt und dient offiziell der Ausstrahlung von Hörfunk- und Fernsehprogrammen sowie von Richt- und Mobilfunk, aber bekannter ist er wohl wegen der unglaublichen Aussicht, die sich den Gästen des drehenden Restaurants im obersten Stock bietet. Mit einer Million Besuchern jährlich hat der Fernsehturm seinen Platz in den Top Ten der beliebtesten Sehenswürdigkeiten Deutschlands.

Aber da gibt es ja noch den «kleinen» Bruder im tiefen

*Groß, größer, der Fernsehturm am Alexanderplatz – erst nach drei
Anläufen entsteht der höchste Fernsehturm Deutschlands.
Im Vordergrund der kleine, aber ältere Bruder am Messegelände.*

Westen der Stadt. Der Berliner Funkturm, gut 220 Meter kleiner, aber 43 Jahre älter als sein Pendant im Osten. Stolz begrüßt er jeden Neuankömmling, der mit dem Auto auf der A 115, der Avus, stadteinwärts fährt. Auch dieser hat natürlich einen Spitznamen verpasst bekommen: «langer Lulatsch». Zum «Telespargel» und dem «langen Lulatsch» gesellt sich in Berlin aber noch ein drittes Mitglied der Funkturmfamilie, eigentlich nur eine halbe Portion: der Fernsehturm Müggelberge in Berlin Köpenick. Nicht zu verwechseln mit dem nahegelegenen Müggelturm, einem beliebten Ausflugsziel. Zwar selbst nur 31 Meter hoch, ist er auch aus der Ferne gut sichtbar, befindet er sich doch 106 Meter über dem Meeresspiegel. Auch er hat eine Aussichtsplattform, die momentan allerdings nicht öffentlich zugänglich ist.

Bleibt also die Frage: Warum muss sich Berlin gleich mit mehreren Fernsehtürmen schmücken? Einer müsste doch vollkommen reichen, Stuttgart, Hamburg und Köln etwa begnügen sich schließlich auch nur mit jeweils einem repräsentativen Turm. Welche Geschichte steckt also hinter diesen zweieinhalb Türmen von Berlin?

Beginnen wir mit dem ältesten Turm im Westen. Als sich Anfang der zwanziger Jahre das Radio langsam durchsetzt, können nicht alle Berliner daran teilhaben. Die damaligen Sendemasten sind zu schwach, um die ganze Stadt mit Programm zu versorgen. Vor allem Teile von Charlottenburg fühlen sich von der Radiorevolution ausgeschlossen. Also soll im Jahr 1924 mit dem Bau eines gut 130 Meter hohen Funkturms in Berlin-Charlottenburg begonnen werden. Und weil so ein hoher Turm nicht alle Tage gebaut wird, plädieren der damalige Chef des Messe-Amtes Alfred Schick und der Journalist Karl Vetter dafür, zusätzlich noch ein Turmrestaurant und eine Aussichtsplattform einzurichten.

Der Dresdner Architekt Heinrich Straumer wird mit der Gestaltung des Turms beauftragt. Er orientiert sich am Eiffelturm in Paris und entwirft eine Stahlkonstruktion auf vier Füßen, die spitz zuläuft. Aber anders als in Paris verzichtet man auf gestalterische Zierelemente, «zu teuer», lautet das Hauptargument. Dadurch wirkt der Turm aber auch feingliedriger, leichter und weniger pompös als sein französisches Vorbild.

1926 ist der Turm endlich fertig. Und die Berliner lieben ihr neues Bauwerk – damals mit sechshundert Tonnen Gesamtmasse und insgesamt knapp 147 Meter Höhe das größte Gebäude der Republik. Während der Eröffnung lässt sich der Hochfrequenztechniker und Chefsprecher der Berliner Funkstunde Hans Bredow sogar zu einem Weihegedicht hinreißen: «Hoch vom Berliner Himmel umblaut / Ist ein stählerner Turm gebaut / Steil in die Berliner Luft / Umleuchtet vom letzten Sommerduft / Im neuen Berlin im Berliner Wind / Das allerjüngste Berliner Kind! / Berliner Jahre werden gehn: / Sturm wird kommen, der Turm wird stehn!»

Stürme hat der Turm bereits einige überstanden – ob Bredow auch den Besucheransturm meinte, ist nicht überliefert. Allein in den ersten zwei Jahren besteigen mehr als eine halbe Million Besucher den Turm. Auch technisch sorgt der Funkturm für eine weitere Revolution, als nämlich 1935 der weltweit erste Fernsehsender von hier ausgestrahlt wird. Natürlich schlachten die Nazis den Turm propagandistisch aus und zelebrieren ihre unterhaltungstechnologische Überlegenheit während der ersten Fernsehübertragung der Olympischen Spiele 1936.

Im Zweiten Weltkrieg, als die Wehrmacht den Funkturm als Warn- und Beobachtungsposten nutzt, zerstört eine Gra-

nate das Restaurant, nach einem weiteren Einschlag steht
der Turm für einige Zeit nur auf drei Pfeilern.

Nach dem Krieg verblasst der Ruhm des Berliner Funkturms. 1963 wird der Sendebetrieb eingestellt, da der öffentlich-rechtliche Sender Freies Berlin einen 230 Meter
hohen Sendemast auf dem Scholzplatz an der westlichen
Stadtgrenze aufstellt, der fortan für die Ausstrahlung seiner
Programme sorgen soll. Nur noch Polizei und Taxiunternehmen funken seither vom alten Funkturm in die Berliner
Luft. Als ein Berliner Original aber darf er auf dem heutigen
Messegelände stehen bleiben.

Nur zehn Kilometer weiter ist von dem mächtigen DDR-
Fernsehturm zu diesem Zeitpunkt noch weit und breit
nichts zu sehen. Erst 1969 wird er eingeweiht, doch der Weg
dorthin gleicht einem Drama in mehreren Akten.

Weil Anfang der fünfziger Jahre die DDR politisch noch
nicht vollständig anerkannt ist, stehen ihr nur zwei Fernsehfrequenzbereiche für den Berliner Raum zu. Zu wenig,
um die gesamte Stadt lückenlos abzudecken. Also wird
1954 unter dem Decknamen F4 der Bau eines Fernsehturmes in den Volkswirtschaftsplan der DDR aufgenommen.
Der höchste Punkt im Osten der Stadt, der Müggelberg am
Müggelsee, scheint dafür der ideale Standort zu sein. Der
Architekt Hermann Henselmann entwirft einen rechteckigen Betonturm von hundertdreißig Meter Höhe und mit einer Aussichtsplattform.

Aber schon knapp ein Jahr nach Baubeginn, am 13. Dezember 1955, fordert der Berliner Innenminister Klaus Maron plötzlich einen sofortigen Baustopp. Der Grund: Acht
Kilometer weiter befindet sich der Ostberliner Flughafen
Schönefeld. Und der Turm auf dem Müggelberg liegt mitten
in der Einflugschneise. Der Bau wird komplett eingestellt,

obwohl bereits zwei Geschosse fertig sind. Projekt F4 verschwindet damit klammheimlich wieder aus dem Volkswirtschaftsplan.

Eine peinliche Angelegenheit für das Postministerium der DDR, die sich auf keinen Fall wiederholen darf. Also muss schnell ein neuer Turm her, und diesmal soll er mitten in der Stadt stehen. Und zwar in Friedrichshain, genauer gesagt auf dem ehemaligen Kriegstrümmerberg im Volkspark Friedrichshain. Nach dem Vorbild des Stuttgarter Fernsehturms, der 1956 eingeweiht wurde, dem ersten seiner Art überhaupt, soll er aus Stahlbeton bestehen.

So steht das Vorhaben «Fernsehturm» 1957 erneut auf dem Programm. Innerhalb von sieben Jahren soll er fertig sein. Ziemlich viele Berliner Filmeröffnungssequenzen hätten also ab 1964 in Berlin-Friedrichshain beginnen können. Doch daraus wird nichts, denn ein zweites großes Bauprojekt kommt dazwischen: die Berliner Mauer. Und so verschwindet auch der Turm in Friedrichshain aus dem Siebenjahresplan der DDR.

Nach diesem erneuten Rückschlag für das Postministerium wird der Fernsehturm zur Chefsache erklärt. Der Erste Sekretär des Zentralkomitees der SED, Walter Ulbricht, will sich persönlich um das Projekt kümmern. Im Fokus steht neben der Sendefrequenzversorgung, die mittlerweile auch mit kleineren Sendemasten erreicht werden kann, die Demonstration der Überlegenheit des Sozialismus. Ein über dreihundert Meter hoher Fernsehturm soll die neue Höhendominante Berlins werden.

Am 22. September 1964 wird auf einer Sitzung in der Deutschen Bauakademie die Errichtung des Berliner Fernsehturms beschlossen. Und Ulbricht persönlich soll seinen Standort anhand eines Stadtmodells bestimmt haben, näm-

lich westlich des S-Bahnhofs Alexanderplatz. Den entscheidenden Tipp dafür gab ihm angeblich der Schweizer Architekt und Stadtplaner Hans Schmidt, der zuvor verschiedene
Sichtachsen auf den Turm untersucht hatte.

Da der «Fernmeldeturm 32» auf direkte Anweisung von
Ulbricht gebaut wird, muss schleunigst eine knapp fünf-
undzwanzigtausend Quadratmeter große Büro-, Verkaufs-
und Wohnfläche abgerissen werden, was die Kosten schnell
explodieren lässt. Das bedroht die planwirtschaftlichen
Ziele der DDR, und die staatliche Investitionsbank fordert
einen Baustopp. Der kann zwar in letzter Minute verhindert
werden, aber um die wahren Kosten des Turmes zu ver-
tuschen, verzichtet man lieber auf eine feierliche öffentliche
Grundsteinlegung und den ersten Spatenstich.

Allein für den sechsundzwanzigtausend Tonnen schweren Schaft werden achttausend Kubikmeter Beton an-
gerührt. Über dreihundert Firmen sind am Bau beteiligt.
Auch sonst mangelt es an nichts auf Ostberlins prestige-
trächtigster Baustelle, für die Arbeiter stehen sogar beheizte
Zelte zur Verfügung. Mit dem Aufwand steigen die Gesamt-
kosten weiter, 1967 liegen sie schon bei fünfundneunzig
Millionen Mark. Insgesamt kostet der Turm über hundertdreißig Millionen, mehr als viermal so viel wie geplant. Immerhin wird er rechtzeitig fertig und überragt alle anderen
Bauwerke seiner Art. Nur der Moskauer Fernsehturm ist
noch höher. Die sozialistische Tageszeitung «Neues Deutschland» schreibt: «Der Turm – eine Meisterleistung unserer
Republik und ein Symbol unserer Leistung.» Westberliner
Zeitungen ignorieren die Eröffnung weitgehend. Nur dass
sich in der silbernen Kugel Sonnenstrahlen in Form eines
Kreuzes spiegeln, ist ihnen den einen oder anderen Scherz
über «Ulbrichts Gedächtniskirche» und «St. Walter» wert.

Und die DDR-Bevölkerung? Die ist gar nicht so sehr von der technischen Superleistung überzeugt, wie Dr. Stefan Wolle, Leiter des DDR-Museums in Berlin, erzählt. «Dass der Fernsehturm auf Sendung war, merkten wir daran, dass die Sendequalität erst mal schlechter wurde.» Nur allmählich sei der Empfang des DDR-Programms besser geworden. «Da musste man dann mit der Zimmerantenne rummanipulieren. Oft sah man nur etwas, wenn einer sie hochhielt.»

Nach dem Mauerfall und der Wiedervereinigung mehren sich die Forderungen, den Fernsehturm als Symbol der totalitären Herrschaft wieder abreißen zu lassen. Aber die Bundesregierung entscheidet sich dagegen und übernimmt sogar den denkmalgeschützten Status aus DDR-Zeiten. Während seiner Modernisierung für weitere fünfzig Millionen D-Mark bekommt er eine drei Meter längere Antennenspitze spendiert und erreicht dadurch seine jetzige Höhe von 368 Metern.

Heute ist der Turm wie mehr als zwanzigtausend andere Sendeanlagen im Land in Besitz der Deutschen Telekom, die sie an Rundfunksender und andere Mobilfunkunternehmen vermietet. Aber so richtig notwendig ist der Turm in seiner Funktion als Sendeanlage nicht mehr. Wenn er mal ausfallen würde – was laut Telekomsprecher Georg von Wagner wegen der zwei Dieselschiffsmotoren, die im Fuße des Turms stehen, äußerst unwahrscheinlich ist –, würde das kaum jemand bemerken. Hunderte kleinere und größere Sendemasten in und um Berlin herum können heutzutage mühelos die Aufgaben des großen Turms übernehmen. Seine Existenz ist trotzdem noch lange nicht bedroht. Als größter, jüngster und bekanntester der zweieinhalb Türme Berlins darf er die Berliner Skyline auf unabsehbare Zeit verschönern.

Dank

Ich bedanke mich bei
- meinem Chefkritiker, Ratgeber und Bruder Stephan Arapovic,
- meinen Kollegen und Freunden bei radioeins, insbesondere Micha Reinhard, Robert Skuppin und Rolf Kunz,
- all den klugen Experten, die ich bei der Recherche für diese Geschichten befragen durfte, und bei den freundlichen Mitarbeitern in den Archiven,
- meinen großartigen Freunden für ihre Unterstützung in allen Lebenslagen, ganz besonders Ina Höffken, Kristin Joachim und Julia Riedhammer,
- meiner Schwester Deborah und meinen Eltern Nonita und Slavko für den uneingeschränkten Zuspruch und den großen Rückhalt, auf den ich immer zählen kann,
- und natürlich bei dir, Flo, für dein Verständnis und deine nahezu unendliche Geduld.

Bildnachweis